法治建设与国家治理现代化研究

总主编　谢桂山

“互联网＋”与国家治理现代化

李楠　著

山东大学出版社

图书在版编目(CIP)数据

"互联网+"与国家治理现代化/李楠著. —济南:山东大学出版社,2016.11

(法治建设与国家治理现代化研究/谢桂山总主编)

ISBN 978-7-5607-5650-9

Ⅰ. ①互… Ⅱ. ①李… Ⅲ. ①国家—行政管理—现代化管理—研究—中国 Ⅳ. ①D630.1

中国版本图书馆 CIP 数据核字(2016)第 264766 号

责任编辑:陈佳意
封面设计:牛 钧

出版发行:山东大学出版社
社 址 山东省济南市山大南路 20 号
邮 编 250100
电 话 市场部(0531)88364466
经 销:山东省新华书店
印 刷:泰安金彩印务有限公司
规 格:720 毫米×1000 毫米 1/16
9.25 印张 155 千字
版 次:2016 年 11 月第 1 版
印 次:2016 年 11 月第 1 次印刷
定 价:20.00 元

目　录

第一章

互联网发展历程

第一节　互联网的诞生与发展

一、互联网的前身

互联网(Internet),又称“因特网”“因特网”“网际网络”,即电脑相互连接并沟通而成的网络。互联网最早可以追溯到1969年的美国阿帕网(ARPA-NET)。阿帕网(ARPANET)是由美国国防部高级研究计划局组建的计算机网,初始目的是为国家军事部门服务,后来逐渐向非军事部门开放。“阿帕”(ARPA)是美国高级研究计划署(Advanced Research Project Agency)的简称,其致力于网络通信、电脑图形、超级计算机的研究。1962年,杰·西·亚·利克里德(J. C. R. Licklider)加入阿帕,并在后来成为美国国防部高级研究计划局信息处理处的执行官。在利克里德担任信息处理处的执行官期间,美国大部分计算机科学领域的研究都是由阿帕赞助的,其开放的思维也为研究者提供了更加广阔的实验领域。阿帕不仅成为了网络的诞生地,同时也诞生了电脑图形、计算机模拟飞行、平行过程等重要研究成果。在利克里德任职期间,阿帕由最开始的单一为国家军事部门服务,逐渐变为向整个社会领域服务。

1966年,鲍勃·泰勒(Bob Taylor)担任美国国防部高级研究计划局信息处理处的执行官。鲍勃·泰勒任职期间的两点举措对日后的互联网产生了巨大影响。第一点:鲍勃·泰勒提出了新型计算机的设想,并多方筹集资金进行试验。第二点:1967年,拉里·罗伯茨(Larry Roberts)在鲍勃·泰勒的力邀之下进入阿帕工作。拉里·罗伯茨后来被誉为“阿帕网之父”,同时也是互联网之父之一。拉里·罗伯茨进入阿帕以后就开始着手筹备“分布式网络”,随着时间的推进,其设想也日渐成熟。1968 年,拉里·罗伯茨提交了一份名为《资源共享的计算机网络》的研究报告,其中的一个设想就是让电脑彼此相连进而达到彼此分享研究成果的目的,这种先进的理念对人类文明的高速推进大有裨益。阿帕网根据《资源共享的计算机网络》这份报告进行组建,拉里·罗伯茨因此也被誉为“阿帕网之父”。

1969 年开始运行的阿帕网主要包括以下五个特点:第一,共享软件、硬件与数据资源。拉里·罗伯茨的初衷就是让电脑彼此相连以分享研究成果,因此共享软硬与数据资源是阿帕网的重要特点。第二,采用分散控制结构。分散控制结构(Decentralized Control Structure),即子系统分别运用独立的控制器进行控制。分散控制结构的一个重要特点就是能够提高局部控制效果,缺点就是分散控制系统的结构难以确定。第三,运用包交换技术。包交换技术(Packet Switching Technology),通俗地说就是将需要传送的数据分成若干小组,每个小组都包含有传送的地址标志,最后由交换机根据地址标志发送到最终的目的地。包交换技术的一个重要功能就是实现网络的智能化管理。第四,采用高功能的通信控制处理机。通信控制处理机(CCP),即对数据传输和交换进行控制的装置。第五,运用分层的网络协议。分层网络协议(OSI 模型),是由国际标准化组织 ISO 创立的一个网络通信模型。

二、互联网之父

互联网之父并不特指某一个人,而是指一个群体。拉里·罗伯茨(Larry Roberts)、蒂姆·伯纳斯·李(Tim Berners-Lee)、温顿·瑟夫(Vint Cerf)以及罗伯特·卡恩(Robert Elliot Kahn)都被后人誉为“互联网之父”。拉里·罗伯茨因对阿帕网的杰出贡献被誉为“阿帕网之父”。同时,因为阿帕网的成功为日后互联网的发展打下了牢固的基础,拉里·罗伯茨也被人们尊称为“互联网之父”。

蒂姆·伯纳斯·李(Tim Berners-Lee)是万维网的创始人,他成功地开发出了世界上第一个 Web 服务器和第一个 Web 客户机。欧洲粒子物理研究所是蒂姆·伯纳斯·李人生的转折点。在欧洲粒子物理研究所供职期间,蒂姆·伯纳斯·李编写出了一个叫作“ENQUIRE”的原型系统。ENQUIRE 引入了两个对互联网的发展起重要影响的概念，即超文本和超链接。超文本的一个重要优点就是使得人们脱离了文本线性的控制，对于人们能够更加自主地浏览新闻与获取信息起到了极大的积极影响。通俗地讲，超链接就是指从一个目标到另一个目标的连接关系。将各个网页连接在一起，人们才可通过电脑获得大量的讯息与知识资源，网络才能真正发挥其应有的作用。超文本与超链接直接催生了万维网的诞生，蒂姆·伯纳斯·李因此也被人们誉为"万维网之父"。世界上第一个网络服务器和客户端浏览编辑程序就是由蒂姆·伯纳斯·李开发的，因为他在互联网发展上的杰出业绩，因而被人们誉为"互联网之父"。蒂姆·伯纳斯·李对互联网的另一个贡献就是其并未对"WWW"进行专利的申请，在客观上助推了互联网在全世界的发展以及整个人类文明的进步。

温顿·瑟夫(Vint Cerf)是谷歌公司副总裁，其参与了互联网的早期开发工作。1974 年，罗伯特·卡恩和温顿·瑟夫共同合作，发表了第一份传输控制协议(TCP 协议)，并在后来制定了详细的传输控制协议/因特网协议(TCP/IP 协议)的标准。1976 年，温顿·瑟夫进入美国国防部高级研究计划局工作，在此期间，他对互联网的发展起到了关键性的作用。温顿·瑟夫制定了 TCP/IP 协议以后，开始着手传输和安全协议的完善工作以及 TCP/IP 协议的完善工作，从而在很大程度上促进了 TCP/IP 协议的推广应用。目前，温顿·瑟夫正致力于星际互联网的研究工作，突破地球的限制，即将互联网的应用范围扩展到太空之中。温顿·瑟夫预言，人类未来在火星上也能上网。因温顿·瑟夫在互联网发展上的杰出成就以及对人类文明的突出贡献，其先后获得了美国国家技术奖章、图灵奖、总统自由勋章等重大奖项，"互联网之父"的称号当之无愧。

罗伯特·卡恩(Robert Elliot Kahn)是温顿·瑟夫工作上的伙伴，他制定了传播控制协议(TCP 协议)，并与温顿·瑟夫一起制定了因特网协议(IP 协议)。TCP/IP 协议已经成为现代互联网的通信基础，也是全球互联网传输资料所需要的重要技术。1969 年，罗伯特·卡恩进入阿帕网工作，并参与"接口信息处理机"的研发工作。"接口信息处理机"就是现在人们所用的路由器的前身。1970 年，罗伯特·卡恩制定了网络通信的最初标准，即"网络控制协议"。网络控制协议主要目的是为了协商网络层属性，实质上是数据链路层协议。1985 年，罗伯特·卡恩参与了美国最为著名的"信息高速公路"项目，也是"信息高速公路"概念的重要引入者。1997 年，罗伯特·卡恩因对互联网的先驱性贡献，获得了由总统颁发的美国国家技术奖。2004 年，罗伯特·卡恩因其对互联网发展的突出贡献，获得了计算机领域的最高荣誉“图灵奖”，其是互联网领域最为著名的科学家之一。

三、互联网的特点

互联网是网络与网络之间串联成的巨大国际网络，以 TCP/IP 通信协议相连，肇始于 1969 年的一条信息。1969 年 10 月 29 日，一条信息通过连在原型机接口处理器上的计算机，由加州大学洛杉矶分校传送到斯坦福大学，是互联网的肇始。1983 年，阿帕网和美国国防部高级研究计划局研制出了 TCP/IP 协议，该协议最终在社会上得到了广泛的应用，使得真正的互联网得以诞生。

互联网虽然肇始于美苏冷战时期，服务于美国军事部门，但后来走上了为全社会服务的康庄大道。互联网能在全球范围快速发展以及在社会各个领域广泛应用，不得不归功于其本身的开放发展机制。迄今为止，互联网已经普及全世界各个国家，并在政治、经济、文化、生态等全社会各个方面得到广泛应用，大幅增助了社会经济的发展与人类文明的进步。开放的理念与自身的机制是互联网发展的内在动力，同时也定夺了互联网的基本属性。互联网的特殊构造也造就了互联网所特有的性质，其明确简单的技术标准与设计理念决定了互联网的五大基本特征：开放性、交互性、全球性、匿名性、快捷性。仔细地管窥与审视互联网的基本特征，对于增助我们对互联网的理解具有重大现实意义，同时也在很大程度上裨助互联网时代下的国家治理。

互联网的第一个特征是开放性，主要体现在三个方面：网络设备、网络服务、用户使用。第一，网络设备方面。互联网的强大兼容性允许各种设备的连接，只有一个前提即不能违背 TCP/IP 协议。TCP/IP 协议是现代互联网的通信基础，也是全球互联网传输资料要用的重要技术。基于 TCP/IP 协议，互联网的开放性得以大幅度提升。同时，TCP/IP 协议使得各种设备接入互联网成为可能，这也助力了互联网规模的扩张。第二，网络服务方面。网络服务的开放性主要得益于 Web，任何网络应用只要服从 Web 服务的基本规范，就能参与到网络之中。基于可扩展标记语言、简单对象访问协议、Web 服务描述语言、统一描述、发现和集成协议支撑的 Web 服务规范，造就了互联网对各类应用的兼容。第三，用户使用方面。截至 2015 年，全球有 36 亿台移动设备接入了互联网；同时，互联网的渗透速度一直是跳跃式地递增。2014 年 8 月，全球较为活跃的互联网用户人数是 20 亿。2014 年 11 月，全球较为活跃的互联网用户人数是

30 亿。短短三个月的时间，互联网用户的人数增加了 10 亿，这种惊人的速度足以证明互联网的渗透性，同时也凸显出互联网在用户使用方面的开放性。

互联网的第二个特征是交互性，即互联网中设备与设备之间、使用者与使用者之间、使用者与设备之间进行的直接双向交流。交互性是互联网的强大优势，互联网的交互性依然得益于其本身的技术特性。互联网的交互性肇始于客户机/服务器模式，而后来出现的浏览器/服务器模式在很大程度上增助了互联网的交互性。互联网的交互性对当代人产生了切实的影响。例如，各类网站可以即时发布讯息，大众网民可以自由发表评论，网站也可以从大众网民的评论中获取自身所需要的信息，实现双方实时的双向交流。互联网的交互性使得人与人之间的交流更加便捷，人与设备之间的交流得以实现，进而造就了互联网在全球范围内的快速发展。

互联网的第三个特征是全球性，互联网的全球性是不可阻挡与无法逆转的客观事实。互联网的定义是电脑相互连接并沟通而成的网络，可见在互联网的本义中也凸显了互联网的全球性。如今，人们已经可以通过互联网在全球范围内进行实时的信息交流与互动，互联网已经渗透到人类的各个领域与世界的各个角落。截至 2015 年年末，全球互联网用户人数达到 32 亿，中国互联网用户人数达到 6.88 亿，这表明了互联网信息全球性流动与网络全球性互联的趋势。

互联网的第四个特征是匿名性。人们能够在网络之中以开放自由的姿态彰显自我，在很大程度上得益于其匿名性。当然，匿名性本身对人们的生活也具有很大的潜在威胁。如今，人们不需要任何的身份凭证就可以申请到微信、微博、QQ 等社交软件的账号，人们可以通过各类社交软件实现自由的交流与信息的发布。互联网的匿名性是指人们无须表明自身的真实身份就可以通过网络达到特定目的，这在很大程度上保障了人们的言论自由权利。在网络之中，人们可以充分表达自我以及彰显个性，这本身对于人的全面发展以及社会的进步是具有积极意义的。诚然，任何事物都具有两面性，忽视互联网匿名性的不利影响无助于互联网时代下的国家治理。互联网的匿名性客观上助推了社会中偏激言论、虚假信息的泛滥，部分非法组织与人员为了达到特定的政治、经济目的，利用互联网的匿名性在网络中随意发布各类信息，对人们的日常生活以及社会的稳定造成了极其恶劣的影响。因此，政府部门应当加强网络监管与相关法律的完善工作，良好的互联网环境的营造对于当前社会主义和谐社会的构建具有重要意义。

互联网的第五个特征是快捷性，是指通过网络可以快速、实时地达到信息传播的效果。互联网的开放性、交互性、全球性、匿名性四大特征相互交融、环环相扣，快捷性在其中发挥了重要的推动作用。首先，互联网的快捷性使得信息能够迅速传遍世界各地，各个阶层的人们无论其自身的政治、经济、文化背景如何，都可以充分运用互联网快捷性的特点提升自身的生活效率，这本身就使得互联网开放性的特征得到进一步的巩固。其次，互联网的快捷性使得信息能够即时推送到收信人的设备上，这种即时效果大幅缩减了人们的时间成本，进而使得人与人之间、设备与设备之间、人与设备之间的交互性特征更加凸显。再次，互联网的快捷性使得信息传播的广度与深度都得到了极大的丰富，通过互联网，人们可以高效、快速、实时地获取所需信息，客观上激发了人们参与互联网的热情，更多人的参与使得互联网的全球性优势进一步发挥。最后，互联网的快捷性是图书、报纸、电视等传统媒介无法比拟的，任何人都可以通过微信、微博、QQ 等社交软件发布即时信息，互联网的这种快捷性也造就了网民身份的虚拟性与不确定性。

仔细审视互联网的开放性、交互性、全球性、匿名性以及快捷性的特征，可见其强大的功能与特有的属性所带来的机遇和挑战。互联网时代下的国家治理，应当充分把握互联网本身的特征并结合当前我国实际国情，真正实现靶向推进，以期建构科学的国家治理模式。

第二节　中国互联网发展历程

一、中国互联网的诞生

中国互联网是全球第一大网，网民多、区域广是中国互联网发展的不争事实，基础设施较弱、科技性不强是中国互联网发展的问题所在。互联网是人类历史发展中的一个伟大的里程碑，其丰富的信息资源和服务资源极大促进了人类社会的发展与进步，对中国社会的发展也起着越来越大的作用。仔细审视互联网的特性，深刻把握中国互联网的发展脉络，对于互联网时代下的国家治理极富裨益。

中国第一封电子邮件肇始于 1986 年 8 月 25 日，著名物理学家吴为民发送了一封由北京至瑞士日内瓦的电子邮件，中国人民从此踏入互联网时代。1989

年,中国科学院开始着手“中关村教育与科研示范网络”的建设。“中关村教育与科研示范网络”是“中国科技网”的前身。1994 年,中国中关村教育与科研示范网络实现了与美国国家科学基金网的互联,标志着我国国际互联网络的诞生。1995 年,张树新创立了中国第一家互联网公司“瀛海威”,标志着中国首家互联网供应商的出现。从此,中国广大民众开始享受互联网所带来的极大便利。1996 年,中国公用计算机互联网正式开通,开始提供全国范围的互联网服务。1997 年,丁磊创立网易公司,三年后在美国成功上市;1998 年,张朝阳正式建立搜狐网,两年后在美国成功上市;1998 年,王志东创立新浪公司,两年后在美国成功上市。中国三大门户网站的上市,预示着中国互联网春天的到来,此后中国的网民开始跳跃式地增长。

二、中国互联网的现状

截至 2015 年年末,中国互联网用户人数达到 6.88 亿,全民互联网时代的来临指日可待。人数多、范围广是中国互联网发展的不争事实,但是其中也存在着极度的不平衡,主要体现在以下两个方面:一是中国互联网用户人数虽然是世界第一,但是中国互联网用户主要是青年群体,年龄分布极度不平衡。二是中国互联网发展的范围虽然遍布全国各省市,但是中国东部地区的互联网发展状况明显优于西部地区的发展状况,地区发展状况也极度不平衡。对于年龄分布不均衡的问题,政府部门与相关组织应当着力加强互联网教育的普及工作,力争全社会各个群体都能享受到互联网所带来的便利生活。对于地区发展不均衡的问题,政府部门与相关组织应当加大对中西部地区互联网建设方面的资金投入,同时为中西部地区提供技术上的支持,力争互联网能够对全国各地的发展起到推动作用。

另外,从整体方面讲,中国互联网的发展存在两个方面的不足:第一个方面是中国互联网在基础设施上与发达国家相比依然存在很大的差距,基础设施建设的现状难以适应社会的发展要求。第二个方面是中国互联网在技术上与发达国家相比也存在着非常大的差距,技术的现状难以保证广大网民与国家整体的安全。

基础设施建设的薄弱引发了两个方面的客观问题:一是基础设施建设的薄弱直接导致了网速过慢的问题,中国互联网的现有网速严重削弱了互联网的即时性。二是基础设施建设的薄弱直接造成了互联网地区发展的不均衡,市区网络状况明显优于郊区的网络状况，东部地区网络状况明显优于西部地区的网络状况。中国互联网基础设施建设薄弱直接影响网民的上网效率，间接上也导致互联网的功能优势难以充分的发挥。同时，基础设施建设的薄弱所导致的地区发展不平衡，在一定程度上阻碍了城市郊区以及西部省市的经济发展，影响了居民生活的质量。因此，在基础设施建设上，政府部门与相关组织在制定相关政策与规划时应当有意识地向城市的郊区、西部省市倾斜，靶向推进，充分认识到城市郊区以及西部省市在国家战略规划中的地位。

中国互联网科技性不强也引发了两个方面的客观问题：一是科技性不强直接导致了网民的个人信息的泄露，各类社交软件与公共网站难以保证网民的个人信息安全。二是科技性不强严重影响到国防建设，境内外不法组织与个人利用中国互联网科技性不强的弱点窃取我国国家机密，严重威胁到我国的国防安全。可见，互联网的科技性至关重要。互联网科技性不强容易导致个人信息与国家机密的泄露以及个人财产和国家财产的损失，这将严重影响我国的经济发展，致使人们对互联网的使用热情下降，影响我国的国家形象。习近平总书记作为"网络安全和信息化"小组的组长，曾这样说道："没有网络安全，就没有国家安全。"[①]可见，我国对网络安全的高度重视。2013 年爆发的"斯诺登"事件，彻底冲击国际上对互联网治理的态度与观念，直接引发了世界各国对互联网治理的高度关注。因此，我国政府和相关组织应当加强对互联网的科技研发工作，加大对互联网相关科技研发的资金投入，加快制定与完善相关的法律法规，内在方面以过硬的科技保证不法组织与个人无计可施，外在方面以完善的法规震慑不法组织与个人不轨野心，内外结合铸造中国互联网的铜墙铁壁，保障个人与国家整体利益。

管窥中国互联网的发展现状，不难发现，中国互联网的发展还存在着相当多的不足与问题，互联网促进中国社会发展的潜力还有很大的提升空间。互联网本身的发展与完善，客观上也助力于我国互联网时代下的国家治理。因此，加快中国互联网的相关建设是互联网时代下国家治理的客观要求。中国互联网建设本身就是一个庞大项目，同时也是一项极其复杂的社会工程，要求政府与相关组织在党的领导下，各负其责，科学治理，内外结合，加快完善中国互联网治理理论，以期能够助力于我国互联网时代下的国家治理。

---

① 《习近平的网络观：没有网络安全就没有国家安全》，http://cpc.people.com.cn/xuexi/n/2014/1120/c385475-26061137.html，2014 年 11 月 20 日。

三、中国互联网的机遇和挑战

互联网作为一项技术，其评价本无褒贬。互联网时代下，全面把握互联网的特点，深刻审视中国互联网的现状，抓住机遇，迎接挑战，在不断探索与实践之中建立符合中国国情的中国互联网治理理论，对于国家的发展、社会的进步、人民生活水平的提高具有客观的积极意义。当前，中国互联网的发展速度依然未减缓，发展还未饱和，商业潜力还有待进一步深入挖掘。因此，以互联网与中国的发展关系为视角，仔细审视与把握中国互联网下的机遇和挑战是互联网时代下国家治理的客观要求。

互联网作为一项里程碑式的发明，其本身彰显的就是人类的进步，因此我们应当抓住机遇迎接挑战，使其助力于当前中国社会的发展。互联网给中国社会的发展所带来的机遇是多方面的，对于当前我国的政府治理、经济治理、城市建设、教育建设、国家安全、意识形态建设、党的执政能力建设等多个方面都是极富裨益的。下面简单介绍一下互联网在中国的发展给当前我国的政府治理、经济建设所带来的机遇，其对于城市建设、教育建设、国家安全、意识形态建设、党的执政能力建设等领域的影响将在后面的章节里具体展开讨论。

互联网给我国的政府治理所带来的机遇主要体现在两个方面：第一个方面是互联网对于加快我国政府的民主进程具有重要的意义；第二个方面是互联网对于提高政府机关的工作效率具有积极意义。互联网对于民主制度的积极意义从发达国家的实践经验中已经得到了证明。互联网为公民提供了一个不受时间、地点限制的广阔的议政空间，降低了公民参与国家政治的时间与经济成本，进而调动了公民参与公共事务的热情，加快了我国政府的民主进程。互联网下的电子政务的工作效率是传统政务无法比拟的，会议的网络化、文件的电子化、办公的智能化都是在传统政务无法实现的，当前我国政府加快电子政务与电子政府建设的事实也表明了电子政府的优越性。互联网对我国经济建设所带来的机遇主要体现在电子商务方面。互联网使电子商务得以产生，其自身强大优势以及实践经验预示着电子商务将是未来商务的主要形式。电子商务是以信息网络技术为手段，以商品交换为中心的商务活动，突破了时间与空间的限制，在促进了交易效率的同时极大降低了买卖双方的时间与经济成本。电子商务具有强大的经济优势，其本身就是一种技术新、业态新、方式新的绿色产业，网络购物用户规模的增加以及电子商务在企业应用中的不断深化也彰显了电子商务对于我国经济发展的重要作用。

第三节 全球互联网发展历程

中国人民的智慧是毋庸置疑的,但政治、经济、文化等多方面的原因致使我国的技术水平与发达国家有着很大程度的差距,互联网方面也不例外。因此,借鉴世界发达国家的先进理念,将其创造性地转化并结合中国的具体国情与互联网自身的规律,运用到当前中国互联网时代下的国家治理之中是客观必然的要求。

中国的互联网最早可以追溯到1986年,而互联网诞生于1969年,这十七年的时间差造成的中国互联网技术与理念的落后是不可避免的。因此,以积极的心态正视现状是解决一切现实问题的滥觞。互联网肇始于美国国防部的项目,其最初的服务方向也是军事部门。初始阶段的全球互联网,使用范围极其狭窄,应用的领域也相对较少,规模小,网速慢,这与互联网在中国的发展历程有很大的相似之处。20世纪90年代,由于技术的成熟以及社会发展的客观需要,全球互联网开始从军事部门逐渐走向民用部门,从此互联网的应用领域以及使用范围开始爆炸式扩展,互联网在全球范围内以及各个领域的迅速传播,预示着创新、平等、公义的网络新世界的到来。1969年,美国国防部门出于军事方面的目的开始组建世界上的第一条网络(阿帕网),当然此时的网络还在美国国防部门的严格管控之下。1971年,麻省理工学院的雷·汤姆林森博士自己向自己发送了世界上第一封严格意义上的电子邮件(Send Message),这在科研领域引起了极大反响,对阿帕网也产生了巨大影响。1973年,阿帕网开始从美国扩展到英国和挪威,此后阿帕网的范围开始不断扩大。1983年,阿帕网开始采用传输控制协议/因特网互联协议(TCP/IP),使用不同网络架构和不同操作系统的电脑可以相互通信,严格意义上的互联网诞生。1986年,美国国家科学基金会建立了大学之间的骨干网(NSF),吸引了越来越多的大学、研究机构的加入,互联网开始逐渐开放。1991年,蒂姆·伯纳斯·李开发出了万维网,阿帕网的时代结束,互联网开始大范围地在各领域推广普及。1994年,美国国家科学基金会的NSF网转变为商业运营。此后,电子商务、网络游戏以及各类社交软件开始快速地推广运用,互联网用户人数开始爆炸式增长。进入21世纪以来,互联网给全世界的政治、经济、文化、生态的发展带来了巨大的影响,世界各国都面对着由技术创新所引发的一系列的社会问题。为此，世界各国一直在努力寻找解决问题的各种路径，并开展了大量的国际合作。

在互联网的管理方面，美国一直是一家独大，无论是域名和地址的管理，还是技术标准的制定，都是在美国政府的指导下运行和完善的，由此也引发了一系列的国际问题。互联网肇始于美国，初始阶段由美国政府进行管理与主导本无可厚非，但随着互联网在世界各国的发展应用，依然由美国单方面主导势必会侵犯他国的合法权益。长期以来，互联网域名的注册和维护一直都处在美国政府的监管之下，也逐渐引发了各国政府的不满。针对此种状况，世界各国对互联网管理进行改革的呼吁日见强烈。互联网作为一项技术本无国界，因此世界各国对互联网改革的呼吁是合理应当的，我国政府也应积极主动地参与进国际互联网治理的浪潮之中，努力提升在现有治理体制中的影响力与话语权，助推我国经济的发展、社会的进步与人民生活水平的提高，全面助力中国特色社会主义的构建。1996 年 2 月，网络自由主义的倡导者约翰·派瑞·巴尔特发布了一个“虚拟空间独立宣言”的帖子，倡导互联网脱离政府的管辖，呼吁网络世界的创新、平等和公义，在国际上引发了一场巨大的舆论。2003 年 12 月，在瑞士的日内瓦召开了世界信息社会峰会第一阶段会议，世界各国就互联网治理问题达成一系列的共识，直接成果就是互联网《原则宣言》与《行动计划》相关文件的形成，互联网治理问题正式纳入联合国的议程。2005 年，在突尼斯召开了世界信息社会峰会第二阶段会议，以“互联网治理促进发展”为主题，再次强调了互联网的公开性、安全性、多样性和方便性。

总之，虽然我国网民用户人数多、范围广是不争的客观事实，但互联网在我国的发展时间还比较短暂，在技术性、安全性上难免会遇到一系列的发展问题。基于此，仔细地审视与把握国际互联网治理领域内的相关经验，将其创造性地转化并运用到我国互联网时代下的国家治理之中具有重要的科学意义。

第二章

“互联网+”释义

第一节　“互联网+”的始现

2012年11月14日，易观国际集团董事长于扬在2012易观第五届移动博览会上发表“互联网+”的主题演讲，首次提及“互联网+”这个词。他指出，互联网要成为下一个社会基础设施，世界上任何的传统行业和服务行业都应该被互联网改变。[①] 2013年，在腾讯成立十五周年“WE2013”大会上，腾讯公司首席执行官马化腾作“通向互联网未来的七个路标”主题演讲，其中第二个路标就是“互联网+”。[②] 大企业以及大企业家对“互联网+”的关注，使得这一概念在业内很快得到认可，进而提升到国家层面，国家制定了“互联网+”行动计划。

在2015年3月5日召开的十二届全国人大三次会议开幕会上，国务院总理李克强所作的政府工作报告提到，制定“互联网+”行动计划，推动移动互联网、云计算、大数据、物联网等与现代制造业结合，促进电子商务、工业互联网和互联网金融健康发展，引导互联网企业拓展国际市场。自此，“互联网+”作为一项国家战略，为未来国家各领域的发展指明了方向。同年6月，国务院常务会议审议并通过《国务院关于积极推进“互联网+”行动的直到意见》，提出包括创业创新、普惠金融、益民服务等在内的11项重点行动计划。

---

① 参见《互联网+》，http://www.ytools.cn/CN/news_details.aspx? JID=33，2015年6月23日。

② 参见马化腾：《通向互联网未来的七个路标》，http://tech.sina.com.cn/i/2013-11-11/04028901314.shtml，2015年6月23日。

自2015年李克强总理提出“互联网＋”行动计划以来，利用网络信息技术促进经济转型和新兴产业培育成为国家经济发展的顶层设计，内蕴于顶层设计的核心是信息网络技术，主体是互联网。“互联网＋”就是通过互联网与传统产业的结合，使传统产业转型升级和孕育新产业的模式发挥“1＋1＞2”的效果。如互联网与手机制造业的结合，产生了“小米模式”，引领了手机产业的变化；互联网与金融的结合，产生了“蚂蚁金融模式”，其“余额宝”等产品受益到数以千万计的网民。

中央和国家领导高度重视互联网，将发展互联网上升到了国家战略高度。2015年12月，在乌镇的第二届世界互联网大会上，习近平主席提到，“十三五”时期，中国将大力实施网络强国战略、国家大数据战略、“互联网＋”行动计划，发展积极向上的网络文化，拓展网络经济空间，促进互联网和经济社会融合发展，并提出了“一个目标、四个原则和五项主张”。“一个目标”是要让互联网惠及13亿中国人，更好地造福各国人民。“四个原则”包括：尊重网络主权、维护和平安全、促进开发合作、构建良好秩序。“五项主张”包括：加快全球网络基础设施建设，促进互联互通；打造网上文化交流共享平台，促进交流互鉴；推动网络经济创新发展，促进共同繁荣；保障网络安全，促进有序发展；构建互联网治理体系，促进公平正义。①

“互联网＋”代表着一种新的经济形态，它指的是依托互联网信息技术实现互联网与传统产业的联合，以优化生产要素、更新业务体系、重构商业模式等途径来完成经济转型和升级。“互联网＋”计划的目的在于充分发挥互联网的优势，将互联网与传统产业深入融合，以产业升级提升经济生产力，最终实现社会财富的增加。

“互联网＋”的含义就是要充分发挥互联网在生产要素配置中的优化和集成作用，把互联网的创新成果与经济社会各领域深度融合，产生化学反应、放大效应，大力提升实体经济的创新力和生产力，形成更广泛的以互联网为基础设施和实现工具的经济发展新形态。

什么是“互联网＋”，它后面需要“＋”的是什么，它在后缀中能够“＋”什么，已成为中心议题。总体来看，对“互联网＋”可以从三个方面予以理解：一是其后面可以连接一切实体和非实体的经济形式；二是其后面有固定的连接领域和

① 参见《习近平的网络观：没有网络安全就没有国家安全》，http://cpc.people.com.cn/xuexi/n/2014/1120/c385475-26061137.html，2014年11月20日。

行业，并且都应该是实体单位，如“互联网＋工业”“互联网＋服务”“互联网＋商业”等；三是根据行业现状和条件来选择后面要加的行业或部门，尽管其领域非常广泛，但是应该首先选择那些和互联网关系比较密切且信息平台符合要求的行业。

很显然，我们不能把“互联网＋”看成是经济发展的万能钥匙，尽管从目前来看，它是现阶段撬动我国经济社会发展的一种具有创造性和发展潜力的力量，是经济社会发展过程中的一种有效的“工具”。要实施“互联网＋”行动计划，除了需要经济、互联网技术、人才、政策、组织等方面的条件外，还必须在理论上科学地、完整地理解“互联网＋”，这是保障“互联网＋”行动计划顺利实施的关键。

中国工程院院士、中国互联网协会理事长邬贺铨指出，“互联网＋”是互联网功能的增强和应用的拓展，是互联网化的新阶段。① 李彦宏认为，“互联网＋”意味着互联网和其他传统产业相结合的模式。② 不是“＋互联网”的“互联网＋”，它代表了一种新经济形态，即充分发挥互联网在社会生产要素配置中的优化和集成作用，将互联网创新成果深度融合于社会经济各领域之中，提升实体经济的创新力和生产力，形成以互联网为基础设施和实现工具的经济发展新形态。虽然“互联网＋”强调“互联网＋各个传统行业”，通过互联网平台发挥各个传统行业的优势和潜能，但它却并非是两者的简单相加。“互联网＋”会促进神奇的几何递增的反应，这就如蒸汽机车在第一次工业革命、电在第二次工业革命中让很多行业发生翻天覆地的变化一样。未来的互联网也会像蒸汽机车以及电一样在各个领域发挥着巨大的作用。但所不同的是，它是一个信息和互联网的平台，这一平台将给各个行业带来更为深刻的变化。

只要条件成熟，所有的传统行业都可以和“互联网＋”这一平台连接起来，因为“互联网＋”本身就是一个平台，所以从某种程度上说，每个互联网企业基本都是“互联网＋企业”，各个互联网的门户网站是“互联网＋媒介”，淘宝网店是“互联网＋销售”，小米手机是“互联网＋手机制造”，微信是“互联网＋即时通信”等。现在互联网和人们的生活息息相关，而与人们生活相关的第三产业自

---

① 参见邬贺铨：《“互联网＋”的使命是发展生产力》，http://www.tuicool.com/articles/EbaQ32Q，2015年4月9日。

② 参见《李彦宏谈互联网与传统产业结合：化腐朽为神奇》，http://www.chinanews.com/gn/2015/03-11/7118892.shtml，2015年3月20日。

然成为其首先要进驻的领域。“互联网+”的行业主要有教育、金融、餐饮、出版、通信、零售、物流、传媒、销售等。互联网企业能够在这些行业中获得较好发展,那是因为这些行业和人们的生活相关,互联网的硬件基础发展好。互联网企业在充分了解相关行业情况的基础上,现在已开始向第一产业和第二产业推进。

“互联网+”这个概念既然被政府报告提升到一个战略的地位,说明其已经上升为对国家经济、社会具有战略意义的概念。同“互联网+”这个具有战略意义的概念相适应,“+”这个符号的含义也就从其基础性符号含义上升为对国家经济、和谐社会构建等具有战略意义的符号含义。可见,对于“互联网+”意义的解释仅仅停留在一般意义上是不够的,必须从战略的高度、理论的高度去认知“互联网+”。只有这样,才能真正推进“互联网+”行动计划的实现。

第二节 “互联网+”的内涵

一、“互联网+”的全产业链覆盖

“互联网+”代表着一种新的经济形态,它指的是依托互联网信息技术实现互联网与传统产业的联合,以优化生产要素、更新业务体系、重构商业模式等途径来完成经济转型和升级。“互联网+”计划的目的在于充分发挥互联网的优势,将互联网与传统产业深入融合,以产业升级提升经济生产力,最后实现社会财富的增加。“互联网+”概念的中心词是“互联网”,它是“互联网+”计划的出发点。“互联网+”计划具体可分为两个层次的内容。一方面,可以将“互联网+”概念中的文字“互联网”与符号“+”分开理解。符号“+”意为加号,即代表着添加与联合。这表明了“互联网+”计划的应用范围为互联网与其他传统产业,它是针对不同产业发展的一项新计划,应用手段则是将互联网与传统产业进行联合与深入融合。另一方面,“互联网+”作为一个整体概念,其深层意义是传统产业通过互联网化完成产业升级的,即通过互联网开放、平等、互动等网络特性在传统产业的运用,利用大数据的分析与整合,理清供求关系,改造传统产业的生产方式、产业结构等内容,增强经济发展动力,提升效益,从而促进国民经济的发展。

“互联网+”作为互联网发展的全新阶段,对经济结构、社会形态和创新体系产生着全局性、革命性影响。为加快推动互联网与各领域的深入融合创新，激发自身优势，我国全面谋划了包括产业创新、普惠民生、政务服务、公共服务在内的四大领域的18个具体层面的“互联网+”发展计划。具体而言，产业创新领域包括“互联网+制造”“互联网+农业”“互联网+建筑”“互联网+金融”“互联网+商贸”“互联网+物流”“互联网+旅游”“互联网+会展”“互联网+创业创新”等。普惠民生领域主要有“互联网+社区服务”“互联网+医疗服务”“互联网+教育”。政务服务领域主要是“互联网+政务协同”“互联网+公共安全”“互联网+基础设施”。公共服务领域有“互联网+环境保护”“互联网+交通管理”“互联网+能源管理”。下面，笔者选择其中的几个领域作简要介绍。

“互联网+中国制造”将以推进数字化、网络化、智能化制造为切入点，构筑工业云与智能服务平台、工业物联网等制造业的新基础，进而实现制造业创新中心建设、智能制造、工业强基、绿色制造、高端装备创新等五大工程的突破，促使核心零部件、关键工艺、材料和标准等方面的一系列问题尽快得以解决。用互联网帮助传统制造业实现产业升级并做大做强，前提是在传统制造行业领域要树立起互联网思维和智能技术提升效率的观念；同时要在观念转变的带动下，集中企业技术力量突破核心技术难题，从而让传统制造业在互联网的帮助下发掘和建立起更多的技术核心优势。在“互联网+制造”领域，我国将推广网络众包研发模式，推动工业产品创新2.0模式应用；倡导个性定制设计理念，推广基于个性化的产品服务和商业模式创新；加快“机器换人”制造转变，推进生产装备智能化升级；拓展远程监测服务模式，加快制造业服务化转型。

在“互联网+农业”领域，我国瞄准农业研发模式创新，精准农业生产推广。同时，实施精准扶贫，通过“互联网+”扶贫模式，引导整合优势产品，创造投资、生产、经营、创收机会。

对于“互联网+建筑”，在重点推进建筑质量追溯体系及诚信体系建设的同时，逐步构建覆盖全国的建材、建筑部品(构件)电商平台，运用云计算、云存储技术，以期实现建筑行业的“中国制造2025”。

在“互联网+金融”领域，推动传统银行互联网转型、激发新型互联网金融活力成为未来重点推动的工作。为此，在鼓励本地银行开展网络银行、网络消费金融以及众筹、直销等新型互联网金融模式的同时，进一步加大对互联网支付、股权众筹融资等新型业务的支持力度。鼓励本地电子商务企业利用现有基础优势，完善线上金融服务体系，拓展网络借贷业务。

对于“互联网+物流”，应通过加快推进仓储物流智能化、积极打造和创新物流业态等方式，提高和优化物流效率。对于“互联网+商贸”，我国将推广农村电子商务应用，抓住“村淘”行动机遇，完善“菜鸟”配送体系，推进村级物流配送网络和网点建设。同时，发展专业电子商务平台，鼓励电商平台企业发展面向专业领域的第三方交易及相关信息增值服务。加快发展跨境电子商务，优化跨境电子商务流程，重点面向“一路一带”沿线国家开展电子商务合作，建成辐射全省、带动周边的综合性跨境贸易服务平台。

“互联网+旅游”的重点体现在旅游网络营销模式的创新和智慧旅游公共服务体系的完善两个方面。大力建设旅游数据中心，开展智慧景区、智慧酒店、智慧旅行社等建设，提高旅游行业服务水平。至于“互联网+会展”，就是加快发展互联网基因会展模式，做大做强，形成具有区域特色的会展产业。“互联网+创业创新”要求在打造新兴产业“双创”示范基地、提供“智慧就业”服务的基础上，重点支持骨干企业更有效地整合创新资源，并加大对小微企业创新网络平台的支持，为小微企业提供找得着、用得起、有保障的服务。

要实现“互联网+”的全产业链覆盖，可从以下几个方面入手：

第一，充满活力的互联网企业、强有力的信息基础设施支撑能力以及专业化基地的聚集引领作用，是实现“互联网+”目标的基础和保障。基于此，为培养和壮大互联网企业，应重点围绕大数据、云计算、物联网等领域，支持相关企业开展高性能计算机商业化应用，推动开展可靠服务器、海量安全存储系统等大数据产品的研发应用，打造国内一流互联网企业。另外，应积极扶持相关企业开展智能终端等产品的研发生产，提升物联网关键技术产业化水平，培育一批互联网软件硬件供应企业。

第二，围绕“互联网+”领域世界500强、国内电子百强等龙头企业，加快引进一批带动性强、市场前景好的互联网重大项目。在完善信息化设施方面，通过“宽带中国”建设，着力推动新一代移动通信网、下一代互联网、下一代广播电视网建设的“云端中国”目标。打造“数据中国”，建设完善的、遍布全国各地的政务云计算中心，建成政府大数据平台，打造大数据中心，开展大数据应用，为各级各部门数据共享和智慧城市应用提供支撑。

第三，在专业化基地打造方面，进一步提升中心区、各地综合保税区等核心发展区域的信息服务水平，吸引更多企业入驻，形成大众创业、万众创新的基地，努力打造全国各地的“硅谷”。

第四，建造现代“智能服务基地”和“智慧制造城”。引导相关企业围绕物流、金融等生产性服务业，文化、旅游等生活性服务业，教育、卫生等公共服务业企业的原始数据信息进行商业智能分析，为新兴服务形态的创新奠定基础。智慧制造城建设主要专注于引进、培育智慧制造产业，以机器人制造为核心，建设智慧制造产业基地，打造国内一流的智慧制造产业园。

二、“互联网+”的实质

根据李克强总理政府工作报告对互联网传媒的分析，我国制定“互联网+”行动计划的核心目的是：(1)为了有效地推动我国产业结构迈向中高端，加快我国从制造大国转向制造强国的发展速度。(2)为了在新兴产业和新兴业态市场竞争中抢占先机，占领竞争高地。(3)为了更好地利用互联网技术把一批新兴产业培育成为主导产业。(4)为了提高我国的信息消费水平，快速推行“三网融合”，鼓励电子商务的创新发展。(5)为了营造新兴产业创业创新平台，推进我国的新硬件产业的快速发展。

“互联网+”的实质就是融合，就是推进社会各行业、各部门通过融合走向成功的一种“力量”，就是探究建立在融合化基础上走向成功的一种“道路”，就是寻找借融合化牵引经济社会发展的“火车头”。那么，这种“力量”“道路”“火车头”是什么？一句话，就是“互联网+”对经济社会发展的撬动力。就“互联网+”行为来说，凡是被互联网“颠覆”(即加入)的传统行业，从形式上看，它改变了传统行业，但是就其实质来说，它推动了行业经济的发展。最典型的案例就是电子商务，在形式上，互联网“颠覆”了传统的商业模式，但是它创造了一个新的商业模式，并推动了商业经济的大发展。在信息经济时代，要增强传统行业的活力，充分发挥传统行业在经济社会发展中的作用，社会、人民、国家急需这种“颠覆”性的力量，即能够撬动经济社会发展的力量，它就是互联网的力量。互联网的力量不仅仅是对经济类行业“颠覆”，而且对于政治、文化等社会各行各业都具有“颠覆”的能力。因此，在信息经济时代，要推动经济社会的发展，首要的任务是认识或认知互联网的力量。互联网作为信息经济时代的一种能够撬动经济社会发展的力量，并不是一下子形成的，它需要一个过程。这个过程需要从两个角度去探究，即互联网自身的角度和对互联网认知的角度。这两个角度的科学融合是发挥“互联网+”对经济社会发展的撬动力的关键。

“互联网+”是我国政府在对互联网传媒认知的基础上制定的一种行动计

划，它具有很深刻的理论意义和实践意义。但是，当前我国大多数人的思想还停留在对互联网传媒的认识阶段。这种认识和认知之间的差距是影响"互联网+"行动计划实施的重要障碍。可见，要推进"互联网+"行动计划的科学实施，必须在不断深化体制改革、转变思想观念的同时，在理论上弄清楚什么是认识、什么是认知以及它们之间的关系。

"互联网+"有两个基础性的内涵：一方面，通过互联网的开放性，将大数据、云计算等互联网经济要素融入产品设计、生产制造、市场营销和社会流通中，实现全球化、低成本和高效率；另一方面，改变互联网完全的虚拟状态，实现虚实融合，与实体经济结合，形成新的产业形态或者创新产品，实现新的经济增长点。

互联网经过多年的行业发展，其内涵也在发展，现已形成一套体系。互联网的理念是开放、便捷、分享、免费。良好的互联网行业发展，也开始带领其他行业发展，成为其他行业发展的源动力。国内庞大的互联网用户意味着巨大的商机，互联网几乎可以改变所有行业。在这一现状下，"互联网+"的概念应运而生。"互联网+"的含义就是要充分发挥互联网在生产要素配置中的优化和集成作用，把互联网的创新成果与经济社会各领域深度融合，产生化学反应、放大效应，大力提升实体经济的创新力和生产力，形成更广泛的以互联网为基础设施和实现工具的经济发展新形态。

目前，互联网作为信息能源的基础设施地位日益明显，像水和电一样融入人们生活，融入各行各业，并催生出如互联网金融、在线租车等新业态。在政府推动和市场主导下，电信业、制造业、软件业等一起参与到"互联网+"的融合发展进程中，其目的只有一个：共同推进国民经济建设取得跨越式发展。

每年两会的重点内容之一就是政府工作报告，它不仅是对过去中国经济发展情况的总结，更是未来经济运行总体形势、发展趋势的政策性风向标。2016年是"十三五"规划的开局之年，也是全面建设小康社会决胜阶段的开局之年，是我国经济发展的关键年。中国经济的产能过剩、经济结构的不合理、技术的升级和创新、经济的正义分配、政府职能的简化和效率的提高等诸多问题都被提上了议事日程。李克强总理在十二届全国人大三次会议上的政府工作报告中为这一些现实性问题的化解开出了一个技术性和科技性药方，那就是"互联网+"。

三、"互联网+"的平台建设及保障

为了各项目标的顺利实现，应专门建立"互联网+"行动计划协调机制，构建各负其责、紧密配合、运转高效的工作体系。不仅如此，有关部门和行政单位要明确分管、领导、负责"互联网+"工作，统筹解决"互联网+"布局、实施、监督和评估等重大问题。建立覆盖产业链各个环节的"互联网+"产业发展联盟，以利于共同推动相关标准制定、应用推广等工作。

在政策支持方面，一要设立"互联网+"发展基金，发挥产业投资基金的引导作用，吸引社会资本参与。重点支持"互联网+"重大工程，同时支持"互联网+"创新、创业，推动"互联网+"的发展。二要进一步提升网络安全保障能力，积极推进制定网络安全、个人隐私保护等方面的政策法规，加强基础网络资源和个人信息保护。三要围绕"互联网+"产业发展重点，加大对相关高层次人才和团队的引进，重点引进国际行业优秀领军人才。加快"互联网+"专业人才培养，鼓励本地高校、科研院所和重点企业紧密结合，共同培养高素质的技能型人才。四要建立评估检查机制和目标责任制，加强重点项目的督促和检查，形成强有力的推进落实机制。五要通过开展"互联网+"产业推进会、高层论坛等活动，提高全社会对"互联网+"的认知和参与度。

第三节　"互联网+"的意义

一、"互联网+"与民生

2015年，随着互联网与政务、民生和经济的深度融合，借助于移动互联网、物联网、大数据、云计算等技术，新一代互联网应用和产品很大程度上解决了以往供需双方信息不对称、资源匹配低下的情况，提高了人们的需求满足程度和服务满意度。

在打车领域，"滴滴""快的""易到""神州专车"等产品的出现，将打车需求与空车信息有效匹配，极大地解决了以往出租车空驶的情形，专车、顺风车等模式的出现也很好地满足了人们不同层次的出行需求。在互联网金融领域，依托于电商和社交大数据，互联网小额贷款精准化地满足了人们即时、小额信贷的需求，成为传统信贷的有益补充。在医疗领域，"挂号网""春雨医生"等各类医

疗信息平台在一定程度上缓解了挂号难和日常疾病咨询难等问题。

除此之外，在教育、餐饮、票务等领域，"互联网+"也正在给公众带来前所未有的便捷体验。以"互联网+民生服务"为例，截至 2015 年年底，微信的城市服务项目已上线 16 个省 78 个城市，共提供包括公安、交管、社保、医疗等在内的 2611 项服务，平均每座城市提供 33 项服务，累计服务人次达 6881 万。与此同时，目前全国已经开通的政务微信公众号超过 10 万，可以帮助老百姓实现包括水、电、煤、宽带、话费的费用缴纳及出入境业务办理等在内的多种政务民生服务。类似微信城市服务、微信公众号这样的"互联网+"创新应用，可以大大节省时间和人力成本，提高政府服务水平和市民满意度，不断创造出"互联网+"与传统行业融合的全新模式。中国信息通信研究院于 2016 年 2 月发布的数据显示：2015 年微信带动信息消费近 1300 亿元，年增长率为 45%；拉动社会就业人数约 1700 万，年增长率为 70%；带动我国经济增长约 490 亿元。

二、"互联网+"是解决目前经济问题的新思路

正如李克强总理的政府工作报告中指出的，要借助"互联网+"这一平台实现中国经济的升级与再造。[①] "互联网+"的意义和对中国整体经济社会的再造可以归结为以下四个方面。

第一，"互联网+"与中国实体经济。目前，中国经济发展进入了一个新的阶段。经济发展急需从生产导向向消费导向转变和过渡，从粗放型向集约型转变，从能源消耗型向科技型转变。要实现这些"过渡"和"转型"，中国以制造业为主题的经济发展必须向"新常态"转化。具体而言，首先是经济发展速度由高速转变为中高速，适当控制经济总体增量的速度。然后是动力转换，由能源消耗型向创新驱动型转变。最后是中国经济增长长期依赖的人口红利在很多生产制造行业不断下降。为了真正做到中国制造业在全球制造业中向产业链和价值链的上层发展，促使中国从以产量取胜的制造大国逐步过渡为以质量著称的制造强国，"中国制造 2025"战略提出了信息技术与制造业融合，即后来所谓"互联网+制造"的最初概念，主张推进智能制造，强化工业基础，在重点领域实现突破。由此，中国未来会加快发展一批新型制造业，智能制造领域会有不少投资机会。生产的智能化和生产过程的智能化无疑将为信息互联网行业的硬

---

① 参见李克强：《政府工作报告》，载 2015 年 3 月 17 日《人民日报》。

件和软件发展带来市场需求，而这些需求的满足反过来也会推动传统产业改造升级，实现向重点领域中高端突破，和信息技术紧密相连的航空航天、海洋工程即高新技术行业无疑将在"互联网＋制造"中率先作出示范。

第二，"互联网＋"促成"新经济""新业态"的产生。要想经济持续增长，跃上新台阶，就必须培育壮大新动能，要推动新技术、新产业、新业态加快成长，以体制机制创新促进分享经济发展，建设共享平台，做大高技术产业、现代服务业等新型产业集群，打造动力强劲的新引擎。同时，运用信息网络等现代技术，推动生产、管理和营销模式变革，重塑产业链、供应链、价值链，改造提升传统动能，使其焕发新的生机与活力。这是政府对"新经济"的系统性表述。新经济很大程度上是要发展"互联网＋"的经济，即建立在信息和互联网技术基础上，让经济体依靠互联网更新换代，不断创新、完善和优化自身的制度和流程，推动经济持续增长，保持低的失业率和通胀率，并且让经济周期的阶段性不断得以淡化。"新经济"的概念和"互联网＋"的概念紧密相关，信息和互联网技术的发展与全球化导致各国，特别是像中国一样的发展中国家的经济边际效益日益递减，经济的边界日益淡化，从而使得"互联网＋"的新经济成为未来全球经济发展的主流形态和运作模式。"互联网＋"概念新经济发展中的新颖之处在于：互联网和信息技术的革命不同于以往的任何一次技术革命，互联网和信息技术将提高人类对自然资源的利用率，而非改变人类对于自然资源的利用方式。在产能过剩的中国，互联网和信息革命配合政府的一系列减少过剩产能的举措，将使得中国众多产能过剩的行业如水泥、钢铁等行业产能利用率大幅提升，从而成功脱困。

第三，"互联网＋"可以构建"分享经济"新样态。分享经济作为一种新的社会经济生态系统，包括不同人或组织之间对于生产资料、产品、分销渠道以及处于交易或消费过程中的商品与服务的分享。而这分享的实现必须依赖"互联网＋"这样的信息技术平台。在传统经济时代，人们通过独享垄断，创造稳定的状态。但互联网和移动社交的出现，使"分享经济"的概念成功上位。在分享经济下，人们不仅主动应用他人众享的成果，也可以通过互联网将自身的各种资源众享于他人。分享经济就是一种"互联网＋"经济，与以往通过不断的新投入来刺激经济增长的传统思路有着本质的不同，分享经济的优势是通过调整与调度社会存量资源来最大限度地利用产品与服务。但目前的中国市场，除了打车服务利用"互联网＋"平台形成分享型模式之外，物流运输、金融租赁、教育培训等领域还需要"互联网+"基础上分享经济的大范围介入，并使其成为一种主流的商业模式。

第四，"互联网+政务服务"可以提高政务效率。李克强总理提出了把"互联网+"普及政府政务服务中的理念。实际上，"互联网+"不仅仅是20世纪90年代提出的"电子政务"的延伸或改良。"互联网+政务服务"是基于互联网思维，基于资源和技术能力去实现政府服务体系的升级。在技术层面，移动互联网、物联网、云计算、大数据技术、人工智能等都可以支持互联网政务的发展。"互联网+政务服务"可以看作实现政府部门之间数据共享，实现民众、政府和企业之间有效良性互动，让居民和企业快速办事的基于互联网和信息技术的政务构想。其更重要的在于思想层面的解放与创新，与传统电子政务的模式相比，"互联网+政务服务"让政府在提供政务服务过程中可以考虑和调用各种社会资源、数据资源和信息工具。

三、"互联网+"下的产业升级和经济转型

"互联网+"带动传统产业互联网化。所谓互联网化，指的是传统产业依托互联网数据实现用户需求的深度分析。通过互联网化，传统产业调整产业模式，形成以产品为基础、以市场为导向、为用户提供精准服务的商业模式。互联网的商业模式是基于流量展开的，互联网带来的是眼球经济，注意力转变为流量，流量再变现。因此，如何吸引用户关注、了解用户需求便是互联网商业模式改革的关键点。

基于新的商业模式，传统产业通过调整资本运作和生产方式，从单纯注重产品生产的固有思维中解放，在关注产品的基础上加入用户需求元素，形成具有互联网思维的新型企业模式技术应用也是"互联网+"计划中的重要内涵之一。核心技术为传统产业互联网化提供了技术支持手段。互联网本身就是新技术，对新技术的应用有利于传统产业进行技术创新。传统产业利用新技术创新，可以扩展产品市场。市场创新，即利用互联网技术开辟和占领新的市场，互联网的开放、分享特性使产业市场实现跨地域化扩展。互联网与传统产业的"联姻"将促使创新成为产业升级的重要引擎。

在管理体系上，互联网为新的组织和管理方式的形成提供了可能。在传统产业的组织和管理上，存在着因信息的不自由流通、信息的不对称所导致的低效。在企业内部管理体系方面，通过互联网管理系统完成任务分配，可以增加

员工的交流效率，减少不必要的人力、时间成本支出。而利用互联网进行员工信息管理，以透明和公开的方式进行信息共享，有利于信息的快速传达，使成员第一时间进行工作内容调整与跟进，提高工作效率。同时，互联网带来的信息快速更新，也迫使企业根据市场变化及时调整战略目标，作出正确的决策判断。互联网使新的管理关系体系得以建立与运行，企业员工工作方式得到变革，新的管理态势得以形成。"互联网+"力求的产业升级是通过管理体系、技术应用、商业模式等综合创新实现的，传统产业的互联网化使传统产业效率、运营、管理等方面均得到提升。

"互联网+"作为一个新出现的社会热点词，其内涵还会在实践过程中得到发展和完善，本书仅根据现在的情况进行探讨。"互联网+"行动计划的意义是非凡的，国家通过实施这一行动计划，可以为传统行业增添活力，打造新的经济增长点，甚至可能带动经济全方位发展。党的十八大报告指出，推进经济结构战略性调整，必须以改善需求结构、优化产业结构、促进区域协调发展、推进城镇化为重点。政府一直致力于推进中国经济结构调整，要完成结构转型，最有可能的源动力就是互联网，传统行业可依靠"互联网+"完成产业升级，站在"互联网+"的风口上顺势而为，推进产业发展。在"互联网+"行动计划执行过程中，必须用互联网去带动传统行业进行创新改革，以互联网作为催化剂，引发三大产业全面发展，促进创新理念、创新技术的不断涌现，进而推进整个社会向前发展。

第三章

“互联网+”与国家战略布局

第一节 “互联网+”与全面建设小康社会

2014年12月，习近平总书记在江苏开展调查研究时明确地提出要实行“四个全面”总布局的重要发展战略，战略主要包括以下内容：全面建成小康社会，全面深化改革，全面依法治国，全面从严治党。其中，全面建成小康社会作为这个大格局的奋斗目标，在整个体系中占有重要位置。小康社会是一个带有时间限制的范畴，“人均国民生产总值翻上两番，全体奔上小康之路”是我们党对实现社会主义现代化建设阶段性目标的一个通俗易懂且具有概括性的描述。“小康社会”这个词汇，是在1979年年底，出现在邓小平同志和日本首相大平正芳的一席话语交流之中。“小康社会”概念的提出，迄今为止已有三十多年。在这三十多年的实践发展中，我们党始终坚持和发展邓小平同志所提出的小康社会的思想观念。经过我党和各族人民的一致奋斗，我国于2000年初步完成了“三步走”发展大目标的前两个步骤，百姓状况在总体水平上达到了小康。我们知道，当前的总体小康具有水平低下、发展片面、发展失衡的些许特征，但是与以前相比，这确实是个巨大的蜕变，因为它能够解决人们最低层次的吃穿住困难。在这个前提之下，我党又作出指示，要求继续加速前进，在未来的几十年里完成从低层次的小康到全面小康社会的跨越。后来，在科学发展观的指引下，紧跟时代的步伐，我党又一次提出了全面建成小康社会的崭新目标。2015年党的十八届五中全会作出了重要声明，开创了“创新、协调、绿色、开放、共享”五大全新的发展理念，用来推进全面建成小康社会全新目标的早日实现。“全面建成小康社会”，我们不难推断出其关键点就立足在“全面”这个词语上。这个“全面”囊括了方方面面，包括经济、政治、社会、文化、社会、生态等多个层次，而且还表现了物质文明、政治文明、精神文明、社会文明和生态文明共同发展进步的特殊要求。

当前，在信息科技时代的浪潮席卷之下，各式各样的高科技迅猛地发展。然而，“互联网+”这一新模式的出现，让我们的眼睛为之一亮，这无疑是实现全面建成小康社会强有力的助推器。“互联网+”是实现创新驱动发展战略、转变经济发展方式的关键动力，是促进经济增长、惠农惠民的有效保障。

第一，“互联网+”能够加快创新驱动发展的进程。通过“互联网+”这种新型方式，选择网络等高科技手段，可充分发挥科技创新在促进经济发展中的强大功能。通过方便快捷的信息技术、线上线下的有机结合，能够加快创新驱动经济的步伐，为全面建成小康社会提供坚实的技术保障。

第二，“互联网+”能够促进经济发展方式的有效转变。经济发展方式多种多样，但高效的经济发展方式会给国民经济带来意想不到的惊喜。“互联网+”这种新形式的出现，利用当前高热度的网络平台，不仅可以有效地整合各种经济发展方式的优缺点，而且可以运用信息化技术提高效率，转变传统的经济发展方式，从而为全面建成小康社会提供充足的物质保障。

第三，“互联网+”能够改善民生状况。民生工程越来越受到各级领导人的深切关注。通过“互联网+”这种新形式，可以有效整合各类信息资源，对基本的医疗、卫生、教育等民生工程进行改造，切实解决广大人民群众深切关心的难题，从而促进公共服务事业的发展，为全面建成小康社会减少阻力和障碍。

全面建成小康社会作为改善人民生活水平的美好愿景，是我国各族人民长期以来一直期待的伟大质变，它的实现不仅是中国千千万万普通百姓的深情期盼，更是体现我国政策实施效果好坏的重要表现和载体，意义非同凡响。“互联网+”新型模式的出现，着实能够促成全面建成小康社会目标的实现，使人民生活变得有量且有质。

第一，从经济发展的层面上来说，应加大对科学技术的扶持力度，增强我们自身的创新素质和素养，学会用科技创新来引导部分产业的升级优化，提高生产效率和质量，转变原始的粗放型经济发展方式，实现工业现代化，大力促进第三产业的发展，最终实现国民经济的稳步上升。

第二，从政治层面上来说，应当充分利用互联网这个大平台，发扬人民民主。可以通过政务公开、网上评议等新途径，监督国家机关及其工作人员，防止权力滥用，不断推进政治体制改革，加强法制建设，为依法治国增添新动力。

第三，从文化发展层次而言，应当创新利用好“互联网+”这种新模式，借助新型网络技术的作用，在整个社会宣传和弘扬优秀卓越的、健康文明的且高质量的文化内容和形式，打造优越的文化环境，进而提升社会主义文化发展繁荣的新档次。

第四，在社会层面上，运用“互联网+”新模式，整合各种社会信息资源，有助于改变过去基本医疗、卫生、教育等传统古板的形式，运用网络提高办事效率，保障和改善民生，解决人民群众最关心、最直接、最现实的利益问题。

第五，就生态建设来说，人与自然和谐发展是长久以来的夙愿。在“互联网+”模式下，应充分运用网络技术，提高资源利用效率，减少浪费。同时，积极运用视频、动画等形式，增大宣传效果，倡导大家保护我们赖以生存的自然生态环境，建设我们美丽的中国，努力在生态良好的道路上坚定地走下去。

第二节 “互联网+”与全面深化改革

1978年12月，我们党召开了一次具有重要意义的大会，这就是我们经常说的党的第十一届三中全会，这次大会明确提出了改革开放的伟大政策。由此，我国进入了改革开放的伟大征程之中。改革开放至今已有三十多年的时间，我们的经济社会各大层面取得了不小的成就，百姓的生活发生了显著的改变，生活变得更加有质感，不仅在基本生存方面获得满足，而且更加注重精神层面的享受，注重身心的健康发展。同时，我国的综合国力也不断增强，国际地位日益提高；国家科技创新能力大幅提升，跻身于世界强国的行列。现阶段，我国社会正处于加速转型期、改革开放的深水区和攻坚期，伴随着经济高速发展的同时，各种矛盾问题也不断凸显。例如，在百姓生活档次获得大幅度提高的同时，城市和乡村的收入差距、东西部的贫富差距等也存在不断扩大的趋势；在社会主义民主法治工作取得小成就的同时，诸多腐败堕落问题也在悄悄地萌芽。在这个大前提之下，党的十八届三中全会提出了推进全面深化改革的重大举措。这次会议特别强调，推进全面深化改革，要把经济层面的体制改革作为重点事项发展，核心的问题是要解决好政府与市场之间的矛盾关系。此次提出的全面深化改革涉及范围广，影响程度深，可以说是党的历史上最为全面、最为系统的一次变革。

正是因为改革开放的伟大政策，今天我们的国家才能繁荣昌盛，我们的社会才能快速发展，并且在逐渐缩小与发达国家之间的差距。在“互联网+”的新型模式之下，全面深化改革定会带给我们不一样的挑战和机遇，这其中的机遇也肯定会给我们带来更大的效益。

第一，“互联网+”会不断地完善我国的基本经济制度。我国是发展中的社会主义大国，一直推行的是以公有制为主体、多种所有制经济共同发展的基本经济制度。“互联网+”这种新形式的存在，能够促进公有制经济和非公有制经济的快速发展，巩固公有制经济的主体地位，增强非公有制经济的活力及创造力，充分利用互联网技术可推动经济的繁荣发展，从而促进改革向纵深发展。

第二，“互联网+”能够促使政府职能发生转变。在早期计划经济时代，强调的是“计划为主，市场为辅”，即主要是依靠政府来调节。随着改革开放不断向纵深发展，市场在资源配置中的决定性作用日益凸显。应当通过“互联网+”这种形式，改革传统的政府管理方式，使政府简政放权，增强市场活力，促进社会主义市场经济健康有序发展。

第三，“互联网+”可以促进现代市场体系的建设。在新世纪、新阶段，“互联网+”这种新模式能够促使政府，更加注重解决市场经济运行中出现的诚信问题，解决不守信用所带来的尴尬效应。每个人都应自觉地遵守市场规则，公平地参与到市场竞争中去。对于那些故意毁坏市场秩序的人，要严加惩治，绝不姑息。只有这样，我们才能在一个相对安全放心的市场中进行商品交易和买卖。同时，“互联网+”机制催生出各种高性能产业，其具有效率高、利润高、成本低、方便快捷、操作简单等特点，越来越受到大众的认可，这些都加快了社会主义现代市场体系建设的进程。

在“互联网+”的新型模式之下，全面深化改革将会更加彻底，不仅包括经济层次这个重点区域，而且覆盖社会的方方面面，切实做到真正的“全面”，从而使改革开放这一大方针变得更加完善、更加饱满而且富有力量。

第一，在经济体制改革上，要充分融入“互联网+”的形式，简政放权，发挥市场应有的活力，发挥市场在资源配置中的决定作用，把“两只手”更好地结合起来，共同发挥促进经济发展的大作用。积极运用当前的新科技，利用网络技术，让经济发展在互联网这个大平台上吸收精华，大放光彩。同时，促进经济发展方式改变，努力建设创新型的经济强国。

第二，在政治层面的改革上，要学会适应“互联网+”的模式，推进政治体制的大变革。要坚持党的领导、人民当家做主、依法治国三者的有机统一与结合，善于运用互联网这一大平台，使政务对公众开放，建设阳光政府，充分借助网络的对外宣传范围广、实效性强的特征，发扬社会主义性质的民主，建设一个充满法治的国家，促进全社会建设的规范化和法制化。

第三，文化体制改革方面，文化是对社会政治、经济的深刻反映和表现。随着“互联网+”新模式的出现，要充分利用电视、广播、网络等新型传播媒介，向社会宣传优秀健康的文化内容，营造一个文化涵养和素养都比较高的和谐社会氛围；同时要加快公共文化基础设施的建设，让人们吸收优秀文化，学习健康文化，提高社会成员的文化素质，培养文化底蕴，共同致力于社会主义文化强国的建设。

第四，在社会体制改革上，创新利用“互联网+”模式改善民生状况。自2004年开始，国家的一号文件必定是跟“三农”问题有关，可见它的重要地位。在“互联网+”模式之下，我们可以充分利用现代网络技术，整合各式各样的信息资源，对住房、医疗、卫生等传统性的管理方式进行深刻改革，使其随着时代、科技的进步而不断地创新理念、创新管理方式，真正做到利为民所谋，保障和改善与人们生活息息相关的民生事业。

第五，在生态文明体制改革上，充分运用当前的“互联网+”新模式来保护我们赖以生存的地球家园，建立良好的生态环境，促进人类与大自然的和谐发展。可以利用“互联网+”模式，运用高科技来进行创新，提高能源资源利用效率，减少资源的浪费损耗。同时，利用网络技术进行宣传号召，让越来越多的人了解保护生态环境的必要性，并自觉地把它付诸实践，共同建设我们美丽的中国。

第六，在党的建设改革上，党的建设的好与坏关乎社会主义现代化建设的整个全局。应当通过“互联网+”的模式，将网络、媒体等新媒体运用到党的建设各个方面，科学执政，严格遵循党的执政规律；民主执政，充分体现执政为民；依法执政，做到执政要在宪法和法律范围之内。在“互联网+”的新模式下，使党的建设更具有时代性，更符合大众的意愿和利益。

第三节 "互联网+"与依法治国

依法治国是我们治理国家长期坚持的一个大方向。依法治国，可以简单地从字面意思来理解，就是指要根据国家的根本大法即宪法以及其他的法律法规来管理国家各项事务。就总体来说，依法治国是对社会历史实践经验彻底反思与总结的结果。新中国成立之后，在中国共产党的带领之下，整个国家和社会的民主法制进程取得了很大的进步，但同时也出现了很多的不利于社会发展的消极因素和落后因素。尤其是在"文化大革命"期间，国家的法制建设受到了极大的重创，各种法律法规犹如一纸空文，导致整个社会秩序动荡不安，国家安定团结受到了前所未有的挑战。党的十一届三中全会之后，我党带领民众开始了一连串的立法任务，民主法制工作渐渐地被落实，并稳妥有序地向着制度化、法治化前进。依法治国是我国要始终贯彻落实的一项大的策略，它代表了国家法制建设的总体方向。不论社会如何向前发展变化，这个治理国家的方略都会非常坚固，不会随着个人的意志而发生改变，它会始终引领着我国的法治建设方向，促进我国在未来道路上更好地腾飞。中国共产党是全面实施依法治国的坚强领导核心，也是建设社会主义法治国家、建设中国特色社会主义政治文明的根本保障。

俗话说，无规矩不成方圆。可见，法律法规的存在对一个国家的发展是多么重要。可以毫不夸张地说，是否坚持依法治国，是一个国家成败的决定性因素。全面依法治国这一重大战略的提出，对于当前处于社会转型期的中国，犹如雪中送炭、锦上添花，极大地推动了社会经济的健康有序运行。尤其是在"互联网+"不可逆转的大趋势之下，全面依法治国的作用变得更加突出，对于整个国家的发展显得尤为重要。

第一，"互联网+"可以加速法治型政府的建立和完善。我国的行政机关是一切为了人民群众的，始终坚持为广大人民群众奉献服务，秉承对人民负责任的态度。树立法治形象的政府能更好地增强政府保障民生、促进经济、发展文化、提供社会公共服务等各项职能，从而促进权威型、阳光型政府的建立。在"互联网+"的大潮流之下，可以运用网络这一平台，及时对外公布政府的各项工作情况，让政府自觉接受社会与公民的监督。这不仅能够增强政府的权威，强化政府职能，而且更能够增强民众对决策的理解，推动决策的实施，提升依法行政的水平和能力。

第二,“互联网+”可以有效加强法律宣传教育。法律被我们制定下来,变成法律条文写出来,为的就是让广大人民来自觉遵守和服从。可是在实际的生产、生活以及学习中,许多法律法规并没有被普通百姓严格地遵守和服从,这其中肯定有诸多因素。笔者认为,其中一个重要因素就在于人们对繁杂法律条文的片面解释。在“互联网+”的模式之下,可以运用网络、电视、广播等媒介,通过幽默诙谐的方式向人们讲解法律概念,使法律法规的教育真正内化到每一位公民的心中,使其在实践的过程中自觉遵守和履行。这样有趣的宣传教育方式不仅能加深人们的印象,而且能让更多人去效法和学习,加入到守法的文明队伍之中。

第三,依法整治网络环境也是全面依法治国的一个重要组成部分。网络化时代在快速发展,网络技术在我们生产、工作和生活中起着愈来愈重要的作用,给我们带来了极为便捷化的服务。但是,网络中的违法乱纪现象也日益浮现出来,危害着人们。全面依法治国涉及的范围非常广泛,大到国家的各项方针政策,小到每一个公民的实践活动,涵盖了国家发展的方方面面。毋庸置疑,依法治理网络、净化网络环境,也是其中的一个重要组成部分。在“互联网+”大趋势之下,要依法治国,就要自觉遵守互联网相关法律法规,全面贯彻实施互联网治理政策,从而使依法治国更好地融入到老百姓的日常生活之中。

全面推行依法治国是广大人民群众在自己的祖国、当自己的家、做自己的主的一个保障性措施,是社会主义市场经济不断向前发展的一个客观性要求,是社会主义文明程度不断提高的一个显著标志,是维持全社会秩序井然、国家安定无动乱的一个重要性保障策略。可见,依法治国在我国社会经济建设中发挥着重要作用,缺少法律,那么整个国家的运行机制就会出现混乱,尤其是在“互联网+”的大背景下,社会更需要依法治国来维持秩序、化解矛盾。

第一,要不断完善相应的法律法规体系。所有的事物都不是固定不动的,同样的道理,法律的制定也是紧跟实际变化着的,要依据国情变化来逐渐改善自身缺陷。法律是由每一个公民来遵守的,所以法律的制定也需要遵循人类社会发展的规律。只有这样,才能使全面依法治国真正实现有法可依,而不是所谓的空话、套话。

第二,要建立健全法制监督机制体制。依法治国要求我们要遵守宪法和法律的各项规定,但笔者认为这只是其中的一个方面,另一个层面还包括在法律执行的过程中，我们要自觉地接受来自社会各界的监督与考察。我们经常会说，权力是一把双刃剑，运用得好会给我们带来巨大的效益；相反，运用得不好也会产生巨大的祸患灾难。因此，全面依法治国的推动要特别注重对权力的监督和制约，既要包括内部的监督，也要包括外部的监督，只有这样，依法治国才能取得更大的成功。

第三，要加快培养我国全体公民的法律观念，提高他们的法律素养。依法治国，其主要参与者一定是人民群众，因此我们不可以疏忽对民众法律素质培养的关键性问题。试想一下，如果社会中每个人都自觉遵纪守法，都严格按照法律规定来做事情，那么违法乱纪现象还会存在吗？所以说，公民个人的法律素养高低对全面依法治国具有重要作用。如果全体人民的法律意识和法律素质不断提高，自觉做到在日常生活中遵守法律，按照法律规定自觉规范自己的行为，真正做到知法、守法、护法，那么整个社会的法律素质自然而然会提高到一个新的更高层次，整个国家的法治文明程度也会提升一大截，全面依法治国的方略也会更好地被贯彻落实。

第四节　“互联网+”与从严治党

自中国共产党成立以来，立足于我国的具体国情，始终坚持从实际情况出发，把各项方针政策都与人民群众的实际生活紧密结合，始终高度重视和加强党的自身建设，从而更好地发挥我们党的强大功能和作用。社会发展的实践同样证明：没有我们伟大的中国共产党，就不会有我们整个国家的完整和独立解放，就不会有我们百姓生活的富足和幸福快乐，就不会有中华民族的强大和繁荣振兴，也不会有我们引以为傲的中国特色社会主义制度。作为我国的执政党，中国共产党不仅是中国特色社会主义道路开拓实践的领头人，而且也是中国特色社会主义总布局的领导核心。中国共产党处于非常重要的战略地位，始终在不断进步，持续强化和完善党的领导能力，注重党自身的品质建设。习近平总书记提出的“四个全面”的重大战略，其中一个就是要全面从严治党。这成为党加强自身素质能力建设的一个关键性因素，也是中国共产党建设的一个新常态，正不断推动我国社会主义现代化建设迈向一片新天地。

我们经常会说，世间的各种事情，做就要做细致，成功与否还是要看是否严格要求。十八大召开以后，习近平总书记在各大会议、各大场合均多次强调加强党自身建设的极端必要性和意义，要特别注重全面从严治党。“全面”二字具有丰富的含义，主要体现在下面这几个方面：首先，内涵全面，没有死角落。既包含了党的思想组织建设、党的工作作风建设，还包括党的防腐败建设、党员干部的素养建设以及紧密联系群众的建设等等。其次，主体范围不留空白。这里的主体不单指各级领导班子，而且还延伸到各级党组织成员，主体清晰，分工明确，责任到位。最后，严打的劲头不留余地。彻底贯彻落实从严治党，对于各种违法乱纪现象绝不姑息，使从严治党逐步走上制度化、规范化的道路。

(一)“互联网+”对于从严治党的意义

中国共产党是我们当之无愧的领头羊，是中国特色社会主义总布局的领导核心，始终发挥着纵览全局、协调各方的领导核心作用。全面从严治党是“四个全面”战略布局的政治性保障。在“互联网+”的新形式之下，应当紧紧围绕“建设什么样的党、怎样建设党”的问题，不断运用新型体制机制加强执政党自身的建设，提高党的执政能力水平。“互联网+”模式是全面从严治党取得成功与胜利的现代依靠力量。

第一，“互联网+”为全面从严治党提供了广阔的教育平台。在新的历史实践背景下，中国共产党始终坚持党要管党，从严治党，加强党的先进性和纯洁性建设。作为执政党的中国共产党，是由千千万万的高素质的优秀党员干部组成，在各个阶段，中国共产党始终发挥着先锋模范带头作用。但是，其中也不乏小部分低素质党员分子。在“互联网+”这种模式之下，可以通过网络技术来为广大党员尤其是党员干部提供学习的平台，宣传党员干部廉洁从政的重要性，全面贯彻党的群众路线，加强党员自身素质建设，从而为全面建成小康社会提供充足的智力支持。

第二，“互联网+”能够有效加强党内外的廉政建设。积极加强和探索党风廉政建设，是我党长期以来秉承的优良传统。党内外是否廉洁、党员干部是否廉政，直接关系到党的领导方向是否正确。自 1921 年中国共产党成立以来，党的作风建设问题一直受到极大关注。当前，通过“互联网+”的新形式，利用网络、广播、电视、多媒体等新的传播媒介，加强了全社会对党执政过程以及结果的全方位监督，让党的一切工作都在“阳光”下运行，绝不允许有舞弊现象、面子工程、形式主义的出现。“互联网+”这一模式使党的工作更加公开、透明，增强了党整体工作的科学性、民主性和规范性。

第三，“互联网+”为党内外的管理工作提供了便利平台。中国共产党一贯坚持“三个代表”重要思想和全心全意为广大人民群众服务的宗旨，党务工作十分繁重。党的各项工作是否能及时有效完成，关系到党的各大决定是否能够及时推出。在“互联网+”的体制之下，无须面对面就可以通过快捷高效的网络平台传输文件、下达命令以及修改和制定提案，这使得党务管理工作变得更加高效率、更加准确。通过互联网新技术的充分使用，能够使党的各项管理工作与时俱进，加快工作进程，从而更好地推动党的各项大政方针的制定和实施。

（二）“互联网+”模式下从严治党的举措

中国共产党从诞生到现在，从星星之火发展成为燎原之势，这其中的酸甜苦辣肯定是不用过多叙述。在当前世界形势、国内局势产生巨大变化的背景下，我们党的会议在不断召开，领导人也经常亲自进行实践调查，千方百计为我们国家的发展出谋划策，并且收到了很好的效果。但是，在这个过程中也确实出现了很多问题，需要我们马上加以解决，例如脱离群众的危险、消极腐败的存在以及外部大环境的考验等。面对如此多的问题，在“互联网+”模式之下，如何实现全面从严治党呢？

第一，要始终铭记为人民服务是我们党员干部的毕生追求。中国共产党的执政地位不是天生存在的，而是在艰难的历史实践过程中，因得到广大人民群众的信任而得来的。因此可以说，我们党的蓬勃壮大不能违背人民的愿望和利益，因为党和人民群众是血浓于水的亲密战友。尤其是在“互联网+”大背景下，更不能离开人民群众。相反，各项党务工作更要与人民息息相关，始终坚持以人为本，做到执政为民，坚持从群众中来到群众中去，自觉接受来自社会群众的批评和建议，接受来自基层的监督，解决好广大人民群众最关心的现实问题。

第二，要坚持改革创新，提升党的生机与活力。创新，一直以来就是事物发展的关键性一步，任何事物缺乏创新，就会像一潭死水，缺少应有的生机与活力。时代在召唤我们前进，在“互联网+”的新体制潮流之中，应努力加强党各个方面的工作，包括实践层面、理论层面、制度层面等等，保持并增强党的生机与朝气，在全新的机遇下迸发出崭新的正能量，指引我们伟大祖国迈向更美好的未来。

第三，要加快建立一套严格惩治腐败贪污现象的制度体系。全面从严治党，严格治理是其中的关键之处，值得我们深思。尤其是党的十八大以来，习近平总书记关于反腐倡廉的一系列讲话切中要害，深入人心，自上而下的“打老虎”力度不断加大。在“互联网+”的背景下，应当利用当前的网络技术，将其与惩治和预防腐败相结合，增强党的各项机制体制的透明度，降低贪污的发生几率，建立健全制约和监督机制，从而使党在反腐的道路上取得成功。

第四，要加强党员尤其是党员干部的教育工作。事业发展的成败关键在人，而共产党员的素质则是关乎党前途命运的决定性因素。在“互联网+”模式之下，可以运用新鲜的网络技术，开展网上课程，加强对党员干部的素质教育，使其真正具备为共产主义而奋斗终生的优良素质。除此之外，也可以通过网上监督渠道，对党员干部的各种违法乱纪行为进行举报，净化党内环境，从而使全面从严治党真正落到实处。

第四章

“互联网+”与国家现代化

第一节 “互联网+”与工业现代化

在互联网时代，我国工业部门应当主动运用计算机等智能化的设备进行现代化的生产，并采用现代化的管理方法与管理理念进行日常的管理，进而早日实现从“中国制造”向“中国创造”的转变，助推我国从“工业 2.0”向“工业 3.0”与“工业 4.0”迈进。我国工业基础与发达国家相比十分薄弱，“工业 2.0”“工业 3.0”和“工业 4.0”是同时推动并跨越式发展的，任务异常的艰巨与复杂。因此，当前应当充分抓住互联网时代下工业发展的机遇，加快实现传统产业的转型与升级。

“工业 1.0”的概念简单来说就是以水力与蒸汽机为动力进行工业生产的时代，时间大致停留在 18 世纪与 19 世纪，在历史上时间虽然短暂但色彩却极其绚烂，相对于以人力和畜力为生产动力的时代，“工业 1.0”具有重大历史意义。“工业 2.0”是以电力为动力进行工业自动化生产的时代，时间大致停留在 19 世纪与 20 世纪，其对于人类来说是一场重要的工业革命，从此工业生产进入电力时代。“工业 3.0”是以电子与信息技术为生产基础，时间大致从 20 世纪 70 年代开始延续至今。“工业 3.0”时代的到来使得人力得到进一步的解放，生产的自动化与智能化程度进一步提高。“工业 4.0”的概念最早在 2013 年由德国联邦教研部与经济信息部提出，倡导现实世界与虚拟世界的进一步融合，即以智能制造为主导的第四次工业革命。2013 年 4 月，德国在汉诺威工业博览会上发布了《实施“工业 4.0”战略建议书》，刻画了“工业 4.0”的战略蓝图，进一步凸显了当前跨行业联网与产业整合的趋势。"工业 4.0"强调工业生产的数字化、网络化和智能化，以数据为本质，以智能为核心，以计算机为基础，进而使得人力与智力得到进一步的解放。以智能制造为主导的"工业 4.0"时代，客观要求将互联网与工业生产深度融合，其数字化、网络化和智能化的标志本身就裨助工业生产脱离人力与智力禀赋的桎梏。德国向来以制造业发达著称，其先进的工业理念与发达的技术闻明于世界，其提出"工业 4.0"的概念并将其上升为国家战略的客观事实，对当前我国工业的发展既是大好的学习机遇，同时又是严峻的挑战。

2009 年，中国社科院经济学部与社会科学文献出版社发布了工业化蓝皮书，预计在 2040 年左右实现工业现代化。2015 年，我国发布了《中国制造 2025》战略行动纲领，旨在改变当前我国制造业"大而不强"的现实。我国发布的《中国制造 2025》与德国提出的《实施"工业 4.0"战略建议书》相比并不具有战略上的优势，发达国家强调通过新兴产业来强化新兴技术的工程化与产业化能力，进而给我国的制造业的发展带来更大的压力。基于此，我们应当在《中国制造 2025》的行动纲领和"互联网＋"的行动计划的引导下，以包容与建设的精神积极参与"工业 4.0"，将我国由制造业大国向强国推进。

"互联网＋"是把互联网的创新成果与经济社会各领域深度融合，推动技术进步、效率提升和组织变革，提升实体经济创新力和生产力，形成更广泛的以互联网为基础设施和创新要素的经济社会发展新形态。[①] 全国外国经济史学会会长韩毅教授认为，工业现代化就是指把工业建立在当代最新科学技术基础之上。[②] 互联网作为当代最新的科学技术，其与工业进行深度的结合是必然的要求，因此，我国应当加快推广物联网、大数据、云计算技术在工业领域的应用，致力于新兴产业与先进制造业智能化的实现，进而提升我国的综合实力与国际竞争力。马克思曾经这样指出："现代工业从来不把某一生产过程的现存形式看成和当作最后的形式。"[③]虽然我国目前是全球第一制造业大国，但却不是以技术竞争力取胜，而是基于廉价劳动力与工业原料的优势。而且，现有的优势与传统的工业模式逐渐丧失了其原有的竞争力，我国全球第一制造业大国的地位在互联网时代的冲击下处在风雨飘摇之中。在国际方面，新一轮的国际竞赛拉

① 参见《国务院关于积极推进"互联网＋"行动的指导意见》，国发[2015] 40 号。

② 参见韩毅等：《历史嬗变的轨迹：美国工业现代化的进程》，辽宁教育出版社 1992 年版，第 12 页。

③ 《马克思恩格斯全集》第 23 卷，人民出版社 1972 年版，第 533 页。

开序幕，发达国家开始着力提升国家制造业的优势，德国的“工业4.0”战略和欧盟的“再工业化”均对我国制造业的发展与第一制造业大国的地位构成了严峻威胁。制造业在我国的国民经济中占有重要的地位，创造了大量的就业岗位，对于我国经济的发展、社会的稳定和人民生活水平的提高至关重要。因此，坚持《中国制造2025》的行动纲领和“互联网＋”的行动计划具有重大意义。

基于此，当前我们应当充分抓住互联网时代下工业发展的机遇，推动我国经济和社会的持续发展与转型升级，将创新的活力、内需的潜力和改革的红利三者有机结合起来，这是符合我国国家战略布局和当前互联网科技发展趋势的重要举措。

第二节 “互联网＋”与农业现代化

农业现代化是指从传统农业向现代农业转化的过程。农业部部长韩长赋指出，同步推进“三化”发展，关键是要加快推进农业现代化，充分发挥工业化和城镇化对农业现代化的支撑与带动作用，实现工农和城乡协调发展。[①] 当前，我国的农业发展水平与发达国家相比还有相当大的差距，农业的发展速度与互联网的发展速度形成强烈的反差。因此，充分抓住互联网时代下的发展机遇，以“互联网＋”为广阔的发展天地，将农业的发展与互联网技术进行深度的融合，对于加快推进我国的农业现代化具有深刻的历史意义。

2009年，网易CEO丁磊在广东省两会上宣布要大力发展农业养猪项目，为中国探索“第三代养猪模式”，这代表着我国互联网与农业开始有交融的趋势。2009年，联想控股开始重点关注现代农业领域，希望打造出全新的产业板块。2010年，联想控股正式成立农业投资事业部，先后成立了青岛沃林蓝莓果业有限公司、四川中新农业科技有限公司、智利种植基地、澳洲基地，在一定程度上推动了我国农业产业规模化、标准化、集约化和品牌化。2011年2月，京东商城CEO刘强东在微博上宣布要自种大米，此后京东开始涉足种植领域。2011年5月31日，刘强东在微博上宣布，京东自种的“来龙牌”有机大米开始上架销售。在多种因素的影响下，互联网大佬们开始更多地涉足农业领域，掀起的务农风潮在社会上也引起热议。2014年，在中国农业部老科协的牵头下，中国现代农

① 参见韩长赋：《加快推进农业现代化　实现“三化”同步发展》，http://politics.people.com.cn/h/2011/1001/c226651-3977515919.html，2015年5月6日。

场联盟和北京天辰云农场共同组建了我国第一个农资交易品台“云农场”，标志“互联网＋农业”新模式的开启。与此同时，我国传统的农业企业也充分抓住当前互联网时代下的发展契机，积极参与“互联网＋农业”的模式，涉及种植、养殖、金融、电商各个领域，通过全面的“触网”不断地发展自身。

互联网与农业的全面融合既是基于国内国外综合背景的考量，也是互联网发展以及农业发展推动下的必然，概括起来主要有以下三个方面的原因：

第一，发达国家充分认识到在互联网时代下提速农业发展的重要性，纷纷促进农业企业原有理念的转变以适应新时代的发展要求，通过互联网加快农业的转型升级。2013 年，美国出台的农业法就给农业企业以法律上的保障，助力于农业企业者充分掌握互联网相关技术。同时，美国加大了对农业企业者的技术培训，通过建立各种培训机构加强对农业企业者的教育，进而使得农业企业者对当前农业现状有充分全面的认识。如今，全球的农产品在电子商务上的交易额中，美国占的百分比最多，农业生产也早已实现规模化、集约化、工厂化。这其中相当大一部分的原因是由于美国政府的高度重视与大力支持，这对于当前互联网时代下我国农业发展有着重要的启示作用。在国外互联网与农业发展深度融合的背景下，我国应当借鉴发达国家在农业发展上的成功经验，助推当前我国农业的发展。

第二，互联网本身具有强大的渗透能力以及巨大的发展潜力。截至 2015 年年末，全球互联网用户人数达到 32 亿，中国互联网用户人数达到 6.88 亿，可谓全民上网的时代。互联网信息全球性流动与网络全球性互联的趋势使得互联网与农业的结合成为可能。另外，互联网自身的特点使得互联网与农业的深度结合成为必然，其自身的开放发展机制造就了互联网在全球范围内快速扩展以及在社会各个领域的广泛应用。互联网的开放性、交互性、全球性、匿名性、快捷性等基本特征，从客观上吸引了更多领域的主动加入。再加上技术上的日益成熟与经济上的巨大诱惑，可行性与必然性造就了互联网时代的绚丽。如今，互联网已经普及全世界各个国家，并在政治、经济、文化、生态等全社会各个方面得到广泛的应用，大幅增助了社会经济的发展与人类文明的进步。

第三，“互联网＋农业”有着巨大的市场发展空间，互联网的信息资源带来的价值增长空间巨大。因此，互联网改造传统的农业产业链条是必然的趋势。李克强总理在福建考察时曾这样说道：“‘互联网＋’未知远大于已知，未来空间无限。每一点探索积水成渊,势必深刻影响重塑传统产业行业格局。"[①]互联网自身空间的优渥以及囿于传统农业模式的弊端,互联网已渗透到农业的生产、销售、流通的各个领域,农业领域的革命序幕就此展开,互联网时代下农业的发展迎来了春天。

互联网发展和农业发展深入全面的融合既拉动了我国经济增长,又创造了大量的工作岗位。同时,互联网对农产品的销售也产生了深刻的影响。根据阿里的研究统计,零售平台农产品销量连年大幅增长,零售平台农产品卖家数量也以百万计,不仅凸显了农业与电子商务的深度结合,同时印证了互联网对我国农业的影响。

互联网对我国农业产生的深刻影响首先体现在农产品销售领域。在互联网的催化下,农产品的销售模式也在发生巨变。传统的农产品销售环节复杂且速度缓慢,大致需要经过五个环节:从农民到经纪人、经纪人到批发商、批发商到批发市场、批发市场到超市、超市到消费者。诸多环节本身就消耗了大量的人力、物力和时间,对消费者以及农民本身都产生了不利影响。首先,这种不利影响体现在对消费者与农民的经济利益上。从消费者方面来讲,由于流通环节众多且每个环节都在其中赚取差价,致使消费者最终以高昂的价格获取农产品,严重损伤了消费者的经济利益。同时,高昂的农产品价格削弱了消费者的购买欲望,致使农产品销量低,大量的农产品滞销削弱了农民的生产欲望,农民生产欲望的降低间接导致农产品销售价格的惊人增长,这种恶性的循环严重影响了经济的发展与人民生活水平的提高。从农民方面来讲,由于流通环节众多且每个环节都在其中赚取差价,致使农民总是以较低的销售价格出售农产品,严重损伤了农民的经济利益。同时,由于流通环节的众多大幅降低了市场的透明度,致使农民难以准确把握市场行情,市场行情的错误把握引发了"物以稀为贵"或"物以多为贱"两个极端的产生,这两种极端都直接或间接地减少农民的经济收入。其次,销售环节众多的不利影响体现在消费者与农民的时间成本上,众多的销售环节使得农产品大量时间处于流通领域。这种时间成本严重影响了消费者和农民的实际利益,销售时间过长直接导致消费者难以获得新鲜的农产品,进而导致农产品销量的降低。因此,销售环节众多对消费者和农民都有不利影响。基于此,在互联网时代下,大力推进农产品销售模式的转型升级,

① 李克强:《"互联网+"未知远大于已知,未来空间无限》,http://politics.people.com.cn/n/2015/0423/c70731-26894714.html,2015年4月23日。

培育具有互联网思维的“新农人”，对于加快实现我国农业现代化具有重大意义。

第三节 “互联网+”与信息化

信息化是指以智能化设备为代表的新生产力，并使之造福于人类的历史过程。关于信息化的定义，国际上也没有统一的说法，但不可否认，信息化是以现代通信、网络、数据库技术为基础的。因此，互联网在信息化过程之中发挥着主动作用。美国神经科技工业组织(NIO)的创立者扎克·林奇在他的《第四次工业革命》中这样说道：“互联网是一切技术的基础，它帮助我们真正理解我们是谁，我们身在何方。”互联网极大地改变了现代人的生活方式，对于人们的工作、学习、交往、生产都有很好的裨助。

信息化的概念肇始于20世纪60年代，由日本著名学者梅棹忠夫提出，后来引起了国际上的普遍关注和研究。1997年，我国召开首届全国信息化工作会议，将信息化和国家信息化定义为：信息化是指培育、发展以智能化工具为代表的新的生产力并使之造福于社会的历史过程。国家信息化就是在国家统一规划和组织下，在农业、工业、科学技术、国防及社会生活各个方面应用现代信息技术，深入开发、广泛利用信息资源，加速实现国家现代化进程。可见，信息化是以智能设备的推广应用为基础的，涉及农业、工业、科学技术、国防及社会生活的方方面面，全方位多角度改变人们生活的过程。从1997年首届全国信息化工作会议算起，我国开展信息化建设已经近二十年，虽然取得了较为明显的进步，但仍然与发达国家有着很大的差距，特别是信息技术的推广普及方面的不足致使信息化效益难以体现。首届全国信息化工作会议明确提出，开发利用信息资源、建设国家信息网络、推进信息技术应用、发展信息技术和产业、培育信息化人才、制定和完善信息化政策是实现国家信息化的要素。这六个实现信息化的要素所涉及的层面既是当前我国信息化的问题所在，同时也为我国加快实现信息化指明了方向。

我国实现信息化需要多方面的努力。首先，充分利用和重视信息资源。信息资源是生产与生活所需的文件、数据、资料、图表的总称，是信息化体系的核心内容，也是经济发展和社会进步的重要战略资源。信息的效用得到发挥，信息的价值得到彰显，充分利用和重视信息资源是前提条件。在当前信息爆炸的时代,我们只有顺应时代的潮流,抓住机遇,将信息资源转化为现实的生产力,使其服务于政府的决策与企业的生产,才能助推我国经济的发展与社会的进步。2012 年,习近平总书记在考察腾讯公司时曾这样说道:“现在人类已经进入互联网时代这样一个历史阶段,这是一个世界潮流,而且这个互联网时代对人类的生活、生产、生产力的发展都具有很大的进步推动作用。”[①]其次,进一步完善国家信息网络。1987 年,在国家发展和改革委员会的主导下,我国成立了国家信息中心,其中的一项重要任务就是统一规划国家信息系统的建设,推动社会的信息化。信息的整合与运用是一项庞大且复杂的系统工程,只有在国家政府的主导下才能充分整合各种资源。因此,进一步完善国家信息网络是我国实现信息化的现实要求。同时,在完善我国信息网络的过程之中,应加快实现知识管理平台、企业通信平台、信息集成平台的构建,为信息资源转化为现实的生产力创造有利条件,使互联网真正成为创新驱动的基础。再次,加快推广信息技术的应用。虽然我国互联网用户人数众多,范围已覆盖全国各个省市,但是互联网在我国的发展是极度不平衡的。中国互联网用户人数虽然是世界第一,但是互联网用户主要是青年群体,年龄分布极度的不平衡。中国互联网发展的范围虽然遍布全国各省市,但是东部地区的互联网发展状况明显优于西部地区的发展状况,同一个城市市区的互联网发展状况也明显优于郊区的发展状况,地区发展状况极度的不平衡。基于此,无论是在互联网的使用人群方面,还是在互联网的普及范围方面,我国都有着相当大的挖掘潜力,加快推广信息技术的应用也是我国实现信息化的必然之举。最后,完善信息化的法律法规。互联网虽然已经在全世界范围内普及,但它毕竟是一个新兴技术,在推动人类发展进步的同时也对人类的政治、经济、文化、生态等各个方面产生了强烈的冲击,使得传统的治理模式在互联网时代难以继续发挥强有力的作用。互联网本身的开放性、交互性、全球性、匿名性、快捷性等内在特性,很难保证互联网的安全合理的利用。因此,加快建立和完善相关的法律法规是实现信息化的必然要求。网络安全涉及网络设施安全和网络信息安全两个大的层面,任何一个层面的破坏都会对相关部门和相关人员的利益造成严重的侵犯,特别是网络信息安全的破坏会直接侵犯个人的隐私。因此,政府部门出台相应的法律法规,明确相应的监管主体,对我国加快实现信息化具有重要的现实意义。

---

① 习近平:《人类已进入互联网时代,这是一个世界潮流》,http://news.ifeng.com/mainland/special/xijinpingshenzhen/content-3/detail_2012_12/13/20121354_0.shtml,2015 年 6 月 2 日。

第四节 “互联网+”与城镇化

城镇化也叫“城市化”，具体表现在社会生产力的发展、科学技术的进步以及产业结构的调整三个方面，是一个由农业为主的传统乡村型社会向非农产业为主的现代城市型社会逐渐转变的历史过程。关于中国特色的城镇化内涵，在我国学术界也没有统一的答案。我国著名学者简新华教授认为，中国特色的城镇化道路应该是一条城镇化与工业化和现代化适度同步发展，城镇化的形式多元化，集中型城镇化与分散型城镇化相结合，据点式城镇化与网络式城镇化相结合，大中小城市和小城镇协调发展，市场推动，政府导向，政府发动型城镇化与民间发动型城镇化相结合，自上而下城镇化与自下而上城镇化相结合，城市发展方式多样化、合理化，以内涵方式为主的路子。① 2007 年，党的十七大明确指出，走中国特色城镇化道路，按照统筹城乡、布局合理、节约土地、功能完善、以大带小的原则，促进大中小城市和小城镇协调发展。国务院副总理马凯认为，中国特色城镇化道路应当是一条以科学发展观为指导，坚持集约发展、多元形态、三化同步、两手结合、以人为本的新型城镇化道路。②

十一届三中全会以来，我国城镇化发展迅速，取得了较为显著的成绩，但这其中也存在着诸多的问题。2011 年，根据中国社会蓝皮书的调查，中国城镇人口占总人口的比重将超过 50%，由此可见我国城镇化取得的显著成绩。《2012 中国新型城市化报告》认为，我国的城镇化发展大致可分为六个阶段：1949～1957 年是城镇化起步发展阶段，1958～1965 年是城镇化曲折发展阶段，1966～1978 年是城镇化停滞发展阶段，1979～1984 年是城镇化恢复发展阶段，1985～1991 年是城镇化稳步发展阶段，1992 年至今是城镇化快速发展阶段。在我国城镇化发展取得显著成绩的同时，快速的发展所引发的各种问题也日益突出，高消耗、高排放、高扩张的粗放发展模式对我国的资源与环境造成了极大的损伤。国务院副总理马凯在“推进城镇化建设”专题研讨班上曾深刻指出，我国城镇化的主要问题包括六个方面：城镇化发展水平总体滞后，城镇化发展方式粗

---

① 参见简新华：《走好中国特色的城镇化道路——中国特色的城镇化道路研究之二》，载《学习与实践》2003 年第 11 期。

② 参见马凯：《转变城镇化发展方式，提高城镇化发展质量走出一条中国特色城镇化道路》，载《国家行政学院学报》2012 年第 5 期。

放，城镇空间分布和规模结构不尽合理，城镇化发展的产业支撑不强，城镇化过程中城乡矛盾突出，城镇化发展的体制机制障碍亟待破除。可见，我国城镇化的发展面临着诸多的问题，严重影响了我国城镇化的健康有序发展。基于此，充分抓住互联网时代下的发展机遇，吸取国内外城镇化发展的经验与教训，对于加快实现社会主义现代化与全面构建小康社会具有重要的意义。

互联网对于中国特色城镇化的发展具有多方面的积极意义：第一，互联网作为积累和传播知识的平台是一个强大知识库，对于人们科学文化素质的提高具有重要意义。百度、热搜、谷歌等搜索引擎为人们提供了海量信息，为人们的学习、工作、生活提供了极大的便利。微信、微博、QQ 等各类社交软件促进了人与人之间的信息交流，成为科学知识传播的重要工具。线上教育、远程教育等新兴教育方式极大地方便了人们日常的工作学习，在提高全民的科学文化水平之中发挥着重要作用。第二，互联网极大地促进了我国文化事业的发展，对我国城市的发展建设做出了巨大贡献。传统的各地文化特色的宣传效果相当有限，多局限于报纸、书籍、新闻等传播媒介，其时间慢、范围小、枯燥乏味，严重阻碍了我国文化事业的发展。淘宝、京东、当当等各类网上交易平台成为了新的文化产品经营市场，极大地便利了人们的文化生活。网络游戏、网络音乐、网络视频等各类新型产品成为了文化传播的重要工具，为全国各地文化特色的宣传创造了有利条件。第四，互联网对于提升我国国家软实力具有重要的意义。互联网强大的渗透能力以及巨大的发展潜力使其成为提升国家软实力的重要战略基地。在互联网信息全球性流动与网络全球性互联的趋势之下，庞大的互联网用户人数、丰富的人力资源、悠久灿烂的文化极大地促进了我国的软实力提升。

互联网在我国社会生产力的发展、科学技术的进步以及产业结构的调整之中发挥着重要的作用，对于我国由以农业为主的传统乡村型社会向以非农产业为主的现代城市型社会的转变极富裨益。智慧城市是城市化发展的高级阶段，其中，城市各大系统整合、物理空间和虚拟空间交融、城市居民广泛参与是重要的基础。互联网时代下，物联网、云计算、移动网络等新兴技术，为城市居民提供了一个舒适、安全、便利的智慧化城市环境，对于我国社会的发展、经济的进步以及人民生活水平的提高具有重要的意义。

第五节 “互联网+”与绿色化

2015年3月24日,中央政治局会议首次提出了“绿色化”的概念,并将其作为“新四化”的又一项政治任务。“绿色化”使得原有的“新型工业化、城镇化、信息化、农业现代化”的“新四化”概念丰富为“新五化”。习近平总书记曾这样说道:“希望北京乃至全中国都能够蓝天常在、青山常在、绿水常在,让孩子们都生活在良好的生态环境之中,这也是中国梦中很重要的内容。”①可见,我国政府历来都对生态文明的建设给予高度的关注,特别是在2015年的中央政治局会议上,更是将生态文明建设上升为一项国家政治任务。“互联网+”到底能给我国带来什么?国务院发展研究中心研究员周宏春教授认为,与“互联网+”的融合,将带来产业发展模式创新、技术进步和思维模式变革,使我国迈上绿色化的快车道。②

与“互联网+”的融合,对我国产业发展模式的创新具有重要的意义。产业结构的升级主要涉及消费需求、科学进步、制度安排三个要素,三个要素的不同组合构成了产业结构升级的模式。首先,互联网的推广普及极大刺激了人们的消费欲望,同时使得人们的消费需求层次不断提升。互联网时代下,智能设备、网络游戏、网络动漫等新兴产品的出现,使得人们由传统的生存消费、享受消费逐渐转变为发展消费。淘宝、京东、当当等新兴购物平台的出现,极大地促进了人们的购物欲望,同时带动了我国第三产业的发展。其次,互联网的推广普及便利了科学文化知识的传播,进一步推动了我国的科技进步。互联网作为一项新兴技术,不仅造就了众多新兴产业的出现,而且使得众多原有产业部门得到改造,对于我国产业结构的升级具有重要意义。最后,互联网的出现直接影响了政府部门和企业组织的制度安排,对于合理科学的制度的推出具有积极意义。互联网平台的构建为政府部门和企业组织提供了强大的信息资源,对于资源的合理配置以及引导产业结构升级朝着正确的方向发展发挥着重要作用。因此,与“互联网+”的融合,可以进一步激发消费需求、推动科技进步、优化制

① 习近平:《希望中国蓝天常在、青山常在、绿水常在》,http://politics.people.com.cn/n/2014/1113/c1001-26016497.html,2015年6月2日。

② 参见周宏春:《加快“互联网+”与绿色化的双向融合》,http://www.drc.gov.cn/xsyzcfx/20150907/4-4-2888486.htm,2015年9月7日。

度安排，对我国产业发展迈向绿色化的快车道具有重要意义。

"互联网+"到底能给我们的生活带来什么？互联网时代下，智能手机、智能汽车、智能电视等设备的推出，给我们带来的不仅是智能生活，而且也是绿色生活。智能设备具有的计算、通信、存储等人性化的功能，极大地改善了现代人的生活方式，标志着人类正在从传统的"电器时代"走向"网器时代"。2015年，海尔集团发布了洗护、用水、空气、美食、健康、安全、娱乐等七大智慧生态圈，同时相应开发了空调、冰箱、洗衣机等智能化的家电设备。这彰显的不仅是海尔顺应时代的模式创新，也体现出互联网时代下现代人智能化与绿色化的生活方式。移动互联网、云计算、物联网的开发与利用，使得人们可以轻松地享受"互联网+"所带来的各种便利生活。空调、冰箱、电视等家用电器出现了支持远程控制的产品，通过移动设备可以对产品进行控制和查看状态，使得人们在轻松享受"互联网+"所带来的便利生活的同时，也极大地节约了动力能源。微信、QQ、支付宝等各类应用软件将交通、购物、旅游、金融等各种分散的生活服务功能集中在一起，成为了现代意义上一站式、全天候的生活服务大厅，带来了足不出户就能获得便捷高效生活服务的体验，为人们提供了舒适、安全、便利的智慧化、绿色化的生活环境。互联网就像电力一样，在公共服务和惠及民生方面具有巨大的挖掘潜力，将会给未来的产业发展与生活方式带来颠覆式的变化。

综上所述，互联网已深度渗透于产业模式与生活方式等方面，在引领产业的变革和跨界融合的同时，极大地裨助了传统生活方式向现代化、智能化、绿色化生活方式的转变。

第五章

“互联网＋”语境下的政府治理

改革开放以来，我国在政治经济等各方面都取得了飞速的进步，综合国力不断加强，但在发展的同时，各方面建设也都遇到了不同程度的挑战与困难。那么，如何顺利跨过改革深水区，如何牢牢把握各类机遇，需要各级领导干部与当前时代前沿相结合，严格落实当前所提出的“互联网＋政府”的治理方式，能为、敢为，正确分析客观形势，有直面挑战、积极进取的主动精神，在守住底线的同时积极开拓，不断推进各方面建设的向前发展。

当前，世界正处于互联网的大潮当中，互联网在全球范围内的普及程度已经越来越高，将互联网与社会生活中的各方面相联系，已经成为当今以及未来的趋势。随着“互联网＋”在商业等各个领域如火如荼地发展，将互联网与政府治理相融合也成为当前国家治理重点研究与发展的重要一环。

第一节　公众互动与信息公开

在当前的互联网时代，各类信息的透明程度不断提高，人们可以轻易地在网络当中获取各方面的信息。所以，这就要求政府在治理过程中增强信息的公开度与透明度，要紧跟时代的步伐与人民群众的要求，进一步开放政府信息，使得公众与政府之间的互动增强，提高公众对于政府的满意度，增强政府工作的公正性与公开性。

一、互联网是整治懒政怠政的重要利器

当前，在我国的政府治理当中，由于各方面原因，出现了领导干部的懒政怠

政现象。所以,对于公众所期盼的政府治理的高效与公开没有得到很好的落实,致使公众对于政府治理产生不满的情绪。而互联网恰好是整治懒政怠政现象的重要利器。可以将政府治理的信息与各种行政审批流程公布于网络之上,方便公众查询信息、办理业务。这样不仅提高行政效率,更进一步增强了政府的公信力,提高了人民群众的满意度。

(一)懒政怠政的具体表征

简单来讲,懒政怠政表现为,在政治生活当中,各级政府官员身在官位却不尽其责,对待政治工作拖沓带水,毫无效率可言。从心理上来看,懒政怠政现象是一种基于自身消极思想的心理状态。它表现为个人工作的动力不足,对待政治工作的思想不正,继而发展成为浑浑噩噩、缺乏责任心与担当的工作态度。同时,这种现象也表现了个人的自由主义与利己主义的思想,不以政府官员的标准严苛要求自我,反而碌碌无为、得过且过,以自身利益为中心。从宏观角度来看,懒政怠政是政治生活当中的腐败行为。它是以权谋私等现象的行为根源,是为官不为的具象表现。为政不廉是腐败,为官不为也是变相腐败。所以,腐败不仅仅表现在权钱美色的肮脏勾当上,身在官位不办官事也是一种腐败,是如今建立官场新常态亟待解决的重要问题。

懒政怠政的特点主要表现在以下几个方面:一是没有责任感与担当意识。所谓懒,便是对待工作积极性不够,个人自我要求不高,缺乏为人民服务的公仆意识与担当精神;对"父母官"的个人定位有偏差,没有正确思想指引,没有动力推进,从而表现为个人主观上的不愿作为;对于任务与责任,能不做便不做,能推则推,不思进取。二是没有紧迫感与使命意识。所谓怠,是指在完成工作的过程中效率低下,没有将政治工作放到高位,能拖则拖,拿工作效率当儿戏。同时,不快刀斩乱麻,在将工作拖成长线的过程中,为权力寻租与黑箱提供可乘之机,由此形成恶性循环,为权钱交易的腐败行为提供了滋生的土壤。三是没有目标感与导向意识。懒政怠政者对于自己所承担的工作任务没有设定明确的目标,不以良好的工作绩效为自己的目标导向,工作方法不当,自然失去工作前进的动力,从而导致工作效率的严重低下。

作为为官不为的具象表现,懒政怠政这种变相的腐败行为不仅仅体现在官员对待工作的慵懒态度上,而且体现在工作拖泥带水、事情迟迟得不到解决的行为上。由于此类变相腐败具有一定的隐蔽性与长期性,在短时间内不易察觉,所以久而久之,懒政怠政所造成的量积累到一定程度,就会冲破政治工作中的底线，造成严重的后果。由此可见，懒政怠政的危害性不言而喻。

（二）互联网为政府治理带来公开与高效

政府治理中，政府官员的懒政怠政现象是由众多原因造成的，从个人的角度对其进行整治，效果十分有限。然而，当前信息时代下，运用“互联网＋政府”的治理方式，可以直接从源头上对其治理，将个人主观意愿的行政工作转化为互联网中的自动行政，这便从根源上解决了懒政怠政现象。

从政治学的角度上来看，在政府治理过程中，政府与公众间的互动关系可以划分为三个阶段：第一阶段是政府主导公众。这种治理模式是政府单方面主动。第二阶段是政府与公众之间“微”互动。政府初步向公众让渡部分主动权、话语权和评价权，公众可以在一定范围内参与到政府治理过程中来，但这种互动程度和影响作用并不明显。第三阶段是公众在社会治理中占据主动。在该阶段，政府治理的轨迹将发生大的改变，从“政府—公众”转变为“公众—政府”，政府获取公众需求并根据公众需求和建议提供服务，公众对政府提供的服务进行评价，最终根据评价结果进行“意向投票”。第三阶段既是政府治理的一种理想状态，也是未来政府治理变革创新的趋势。在该阶段，政府要充分运用互联网思维中的用户思维，对公众的用户身份给予充分的尊重与肯定。

当前，互联网已成为人们获取信息最为重要的渠道。互联网作为一种新兴的产业与媒介，其信息传播主体的隐蔽性、信息发布的多样性与去中心性、公众与信息之间频繁的互动性、获取信息资源的多样化与包容性、信息发布的即时性、空间上的去边界化等符合信息时代的特点与优点，使其成为各类传统传播媒介的替代品，并在商业各领域发挥出其高效、公开与迅捷的独特优势。“互联网＋政府”的新型治理模式改变了传统的政府与公众之间的关系，使得两者的交流互动更加频繁，不仅提高了政府治理的效率，更进一步让公众参与到政府治理当中，从以政府工作人员为主导逐渐演变为以公众为主导，使得懒政怠政现象的根源被清除。同时，政府与公众这种传统关系的改变，从一方面来说，改变了传统的政府对信息垄断的现象，互联网成为信息的公开平台，使得信息传播更为自由与公开，“党管媒体”面临着互联网的挑战，政府完全对信息进行垄断与控制已然成为不可能的事情。从另一方面来说，互联网甚至替代了许多政府工作人员的行政业务，大大加快了行政工作的办事效率，成为党政信息与群众之间的沟通桥梁。互联网能够及时、准确地向公众传达政府工作信息；同时，公众又能通过互联网监督政府工作的公平与公开，真正实现政府与公众的互动与信息的透明。

二、互联网有效解决了部门政治问题

对于现代国家来说,官僚制的发展是不可避免的,并且已经成为现代国家的核心因素。与此同时,官僚制当中的一些消极因素对行政工作的效率与公正性等也产生了严重的影响。官僚行为理论认为,假定政府不是一个作为整体的行动者,而只是许多部分的总和。这样在政策过程中,各个部门为了自己的利益就会不断协调,从而形成部门政治。官僚行为理论与公共选择理论在一定程度上具有相似性,由于官僚自主性的存在,使得各个部门通过各种手段与方法追求预算最大化,在这个过程中,拖慢行政效率的现象也就无法避免。

(一)政策过程的渐进主义特征

在部门政治中,由于部门利益的存在,行为者、利益与各种观点都呈现出多元的状态,这就意味着政策过程是一个不断协调各方观点的长期过程。在这个过程中,各个部门要基于自身的利益,不断讨价还价,不断谈判与妥协,分期与妥协过程的特点影响政策的输出。在协调政策过程中,持续谈判与协商的一个重要结果是:政策在一个时期只前进一小步,并倾向于聚焦在特定的问题与短期目标上,因而部门政治的政治过程具有渐进主义的特征。所以,政策过程具有耗时性。一个政策动议一般首先在行政部门内部加以讨论,然后向上沿着行政系统到达最高决策者。而在行政体系中,“政策动议随着支持基础的扩大而不断被修正,不停的会议与部门间的谈判使政策过程变得如此缓慢”[①]。我国的公共权力组织具有科层制的特点,因而部门政治现象也存在于其中。公共政策作为一个国家实现政治、经济、文化等各方面目标的重要工具,在制定的过程中遭遇各种阻碍,行政效率也就大打折扣。

(二)部门利益影响

官员理论的主要要素是官僚自主性、信息不对称和预算扩大化倾向。在推行国家权力过程中,行政机构解释着政策和法律,同时也起到了立法部门的作用。正是由于执行国家权力过程中的复杂性,行政机构形成了特殊机构的特别利益,即部门利益和部门利益中的个人利益。为了追求部门利益,行政机构有预算最大化倾向,因为预算越大,机构也就越大,机构负责人的权力越大,其控

---

① 杨光斌:《政治学导论》,中国人民大学出版社2011年版,第134页。

制的资源也就越多。而为了追求预算最大化，官僚在提出的要求没有被实现的时候，往往就会通过降低工作效率、拖沓带水来变相地实现自己的目标。这无疑是懒政怠政现象的一大成因。当前，我国改革进入攻坚期，强调将权力关进制度的笼子里。然而一些地方仍然不愿交出既得利益，对于下达的政策有选择地进行执行，对于本部门或本地区不利的措施则选择推出去或不予理会，导致政治工作陷入“中梗阻”的困境。

在互联网时代，官僚主义行为在一定程度上可以被很好地遏制。民意在网络上聚集，可以加快政府的政策过程，削减部门利益在其中的影响，在公众与政府的互动中形成更为公正公开的行政信息平台，这对造就一个健康的网络行政系统是具有极大益处的。

第二节 舆情与民意

从统治到管理再到治理，这是政治学也是人类政治生活的基本规律。当前，现代国家治理的主体比起传统治理而言更具有多样性，它不仅包括政府这一最主要的主体，还有公众、企业等的积极参与。现代国家治理强调各类主体都应积极参与公共政策的制定与执行，使得民主真正融入到现代治理当中，真正实现公众满意度的提高。所以说，各方面主体共同参与的“共治”模式，已经成为了现代国家治理的趋势与主流。然而，由于政治中各种因素的制约，使得这一理想化的国家治理模式很难得到有效的落实。这时互联网就充当了其中的媒介，成为各方共同参与的必经之路。公众可以在互联网上及时表达各自的观点，真正实现了民意的汇聚，有利于进一步整合各方的诉求，使得公共政策的制定与执行真正体现民意，形成社会共识。

一、传统政府治理的弊端

从性质上来讲，传统政府治理的弊端具有隐蔽性与长期性，这类性质对于政治工作有极为严重的危害。由于政府治理中的懒政怠政现象不像腐败等违纪问题那样明显，而是隐藏在日常的各项工作当中，随着政治工作的不断向前推进，懒政怠政造成的各项建设的漏洞会不断聚集，最终对整个行政工作造成塌方式的损害，冲破政治工作的底线，造成的危害很难再进行弥补。从总体来看，传统政府治理中懒政怠政的危害主要体现在以下几个方面。

(一)阻碍改革的推进

今天,全面深化改革进入深水区,千帆竞发,百舸争流,正是要求我们对于凸显的各种矛盾与问题正面应对解决、对于出现的新机遇与挑战积极把握的关键时期,正需要我们鼓足干劲,勤于工作,加大力度,深入推进改革。而传统治理中懒政怠政现象的存在无疑是改革攻坚期的最大阻力。首先,改革每前行一步,都处处险象环生,平静的表面也暗流涌动,时时会遇到新情况、新问题。如果不能在问题出现苗头时就将其解决,在机会刚显峥嵘时牢牢就抓住,就会“病已成而后药之,乱已成而后治之”,贻误解决问题、破解难题、推进改革的最佳时机。这样不仅会造成恶劣影响,更会付出更多时间成本。因此,执政用权、推进改革,就应该摒弃不愿作为、不敢作为、不会作为的问题,积极投入到各项工作当中。其次,破解改革难题最为关键的是要将方针政策落到实处。目前,我国经济进入新常态,如何稳住经济增速,如何落实稳中求进的战略思维,如何成功跨越改革险滩,都需要各级领导干部的真抓实干。一分部署,九分落实。要让文件上的黑字变为人民群众实实在在的获得感,就需要各级干部的实在作为。而在新形势下,懒政怠政现象呈现增长的态势。一些政府官员面对复杂的新常态不会作为,面对反腐败的高压不愿作为,一心只当缩头好人;对于上级的方针政策大搞形式主义,用文件与会议搪塞过去,对改革政策推诿扯皮、象征性落实,不同程度地造成了“上下热,中间冷”的“中梗阻”现象。这不仅仅成为改革过程中的最大阻碍,也无法使人民群众感到满意。久而久之,改革就会失去最为重要的群众基础。正因如此,习近平总书记在中央全面深化改革领导小组第十次会议上强调:“要处理好改革‘最先一公里’和‘最后一公里’的关系,突破‘中梗阻’,防止不作为。”[①]最后,懒政怠政势必会导致改革措施下发不畅通,从而进一步影响改革的效率。

(二)损害政府的公信力

政府公信力是行政工作最根本的基石。党的十八大报告明确提出:“创新行政管理方式,提高政府公信力和执行力,推进政府绩效。”[②]当前在行政工作当中,一些干部为官不作为,慵政懒政怠政,对工作中的困难与职责能推则推,置

---

① 《习近平羊年首次论改革:消除“中梗阻”,跑出“最先一公里”》,http://cpc.people.com.cn/xuexi/n/2015/0228/c385477-26612366.html,2015年2月28日。

② 胡锦涛:《坚定不移沿着中国特色社会主义道路前进 为全面建成小康社会而奋斗——在中国共产党第十八次全国代表大会上的报告》,人民出版社2012年版,第10页。

人民群众的疾苦与民生福祉于不顾，没有践行全心全意为人民服务的宗旨。这样不仅对政府各项工作与建设的效率造成了很大的影响，而且让人民群众对广大党员干部心生失望，损害了政府的公信力，使政府的形象大打折扣，不利于在工作当中奠定良好的群众基础。当前，改革过程中的各种难题与矛盾竞相出现，新生问题也愈来愈多，城乡发展失衡、腐败问题严重、生态环境日益恶化等问题突出。在复杂的国际国内形势下，我们需要制定各项方针政策，稳定社会秩序，促进社会经济的全面发展，着力解决改革攻坚期的各种问题，协调推进“四个全面”重大战略布局。应当寻找“最大公约数”，最大限度地调动人民群众拥护支持改革的积极性，凝聚全面深化改革的最大正能量。而当前一些干部在自身工作岗位上不想作为、不敢作为的一系列懒政怠政现象，已然招致人民群众的不满，群众上访现象也日渐频发。如果不及时制止此类现象的发生，那么深化改革的脚步就会受到严重的阻碍，致使困难与矛盾越积越多，形成恶性循环，损害党员干部的形象，使人民政府丧失公信力。

（三）影响党群干群关系

良好的党群干群关系是各项工作开展与建设的基础，所以构建融洽的党群干群关系是每个党员干部都必须首先处理好的重要任务。良好的党群关系是在各级领导干部扎扎实实办事的基础上形成的，我们党的宗旨是全心全意为人民服务。作为一名“父母官”，就要以解决人民群众疾苦为首要任务，就要身在官位办实事，就要为人民群众谋福祉。自共产党成立以来，在革命、建设与改革的各个阶段，我们党都始终强调与坚持“从群众中来，到群众中去”的党的群众路线。十八大报告指出：“围绕保持党的先进性和纯洁性，在全党深入开展以‘为民、务实、清廉’为主要内容的党的群众路线教育实践活动，着力解决人民群众反映强烈的突出问题，提高做好新形势下群众工作的能力。”[①]我们应当深入开展党的群众路线实践教育活动，进一步树立起良好融洽的党群干群关系，将群众路线深入到每一个党员干部头脑中，为今后的改革与各项事业的建设奠定最为坚实的群众基础。而如果“身在其位不谋其政”，当“老爷官”，置人民群众的诉求于不顾，对民间疾苦视而不见，能推的责任便推，有利于人民的建设不去落实，只是着眼于自身的利益，妄想升官发财，或者为保住乌纱帽而不敢管、不

① 胡锦涛：《坚定不移沿着中国特色社会主义道路前进 为全面建成小康社会而奋斗——在中国共产党第十八次全国代表大会上的报告》，人民出版社 2012 年版，第 8 页。

敢作为，这样不仅使自身的形象受到损害，更是损害了人民群众对于党和政府的信任，从而严重影响了党群干群关系。

二、"互联网＋政府"舆情下的必要性

随着信息时代的到来，世界越来越呈现出开放与包容的一面，人们获取信息的能力也在互联网的影响下不断提高。同时，公众的文化水平不断提高，人们对于政治文化生活的点滴都愈加关注，开始逐步成为政治参与的主体。在这种趋势下，互联网在新的虚拟空间开辟出新的舆论"战场"。于是，社会中呈现出以传统媒体为媒介的舆论场和以网络为场所的虚拟舆论场两个领域。互联网下的舆论场所以其多元的参与主体、自由的言论、不同的声音为主要特征，汇集了来自各方面的不同的民众的声音，并且能够在短时间内在网络上进行发酵，甚至可以盖过以传统媒体为媒介的主流舆论的声音，并呈现日趋主流与流行的趋势。所以，网络舆论场的重要性已被国家和政府投入越来越多的精力。理性的网络舆论可以对国家与政府的各项政策的实施起到积极的推动作用，并且也是政府政策正确的信号灯，反映着公众对于政府治理的满意度，对于维护国家治理的稳定起到非常重要的作用。然而，非理性的网络舆论可以在很短的时间内激起公众的不满甚至愤慨，对于政府治理稳定性的破坏作用巨大，如若不能对其进行很好的引导，网络舆论很有可能会滑向民粹主义与舆论暴力的深渊。正是由于网络舆论的这种隐蔽性、虚拟性与自由性，使得网络舆论的利弊同样明显。尤其是在发展中国家，民主政治的建设还不完善，人民参与政治的平台还没有得到完全的建立，极其容易造成舆论的不可控制，从而影响国家治理的稳定。

所以，总体来讲，网络舆论一方面可以成为公众表达民意的重要渠道，从而影响国家和政府的公共政策，并进而加快政治参与的步伐。但另一方面，网络政治的高涨也对网络舆论安全造成了威胁，非理性的声音会给社会稳定与国家治理带来很大的隐患。所以，处理好两者的关系问题对于"互联网＋政府"的治理方式是极为重要的。

第三节 "互联网+"下政府部门的管理

互联网的发展日新月异,给世界带来了极大的便利。从政治领域上来说,"互联网+"模式已经对世界范围内政府职能的发展和转变起到了很大的推动作用。综观互联网发展的历史,20世纪90年代,美国政府制定了"信息高速公路"政策,投资4000亿美元用于信息基础设施建设。1993年,美国国会又出台了《政府绩效产出和结果法案》,试图用信息技术改造政府业务流程,提升政府绩效水平。现今,互联网技术的发展突飞猛进,其在各个方面发挥着不可替代的作用。新时代下互联网的技术包括互联网金融、云计算、大数据、物联网等,这些技术深刻地影响着政府治理活动,主要表现在以下三个方面。

首先,"互联网+"所体现出的开放、平等、自由等一系列特点深刻地影响着传统的政府治理理念,促进了传统治理理念的转型。由于互联网具有广泛性、多样性、无门槛性、自由性等特征,信息的传播也体现着开放、包容、平等的特点,所以在互联网的影响下,政府治理也趋向于政治参与主体的多样化,倾向于"民意至上"与"服务极致化",各个国家的政府越来越重视互联网下的人们的思维方式,在政府治理中也着重推广平等自由的治理理念。在互联网的基础上,学者们将政府治理中的信息公开、平等协作等思想汇入其中,纷纷提出了基于"开放、协作和透明"的服务型政府的治理理念和方式,其目标在于借助互联网的作用,将民众与政府更好地联系在一起,将两者的互动应用到政府日常的决策、工作与管理当中,将民意与公共政策汇聚到一起,从而更好地为公众提供更深入人心、更令人满意的公共服务。

其次,对国家治理的各项行政业务流程进行升级再造。第一,"互联网+"语境下的政府治理会进一步增强公共政策的科学性与民主性,使其不但满足公众的需求,更进一步为政府治理添砖加瓦。从一方面来说,"互联网+"有其特有的大数据库,它依托强大的硬件支持,其海量的数据可以帮助政府在制定政策的过程中进行更加全面系统的分析,且能够方便地在各个部门当中随意切换,进行跨部门、跨地区的数据分析与汇总,摆脱了传统政府治理过程中出现的数据样本过少、跨地区跨部门分析过于繁杂的情况。这样不仅使得决策更具科学性与民主性,而且加快了决策的速度,提高了政府治理的效率。从另一方面来说,互联网将广大的人民群众联系在一起,使民意得到自由平等地表达。基于广泛的人民诉求，问计于民，问政于民，使越来越多的公众加入到政治参与当中，丰富政治参与的主体，使得政府决策更加满足社会关切，并且可以动态灵活地搜集民众诉求。此外，基于互联网的及时反馈功能与大数据功能，可以对已经落实的政策进行实时评估，对于执行效果满意的政策加强落实，而对于效果差的政策则给予及时调整或撤回，从而更好地保障公众的诉求与利益。第二，再造政府业务流程。当前，各个国家的政府都不同程度地存在行政效率低下等怠政现象，造成此类现象的原因有许多，其中一个便是官僚主义行为作祟。当代国家中不同程度地存在着机构膨胀、功能重叠、效率低下等问题，因此推行以精简机构、提高行政效率为核心的行政机构改革也成为各国普遍的做法。由于机构膨胀，各部门间的职能存在重叠，所以不可避免地出现部门之间的推诿扯皮现象，导致行政工作效率低下，出现懒政怠政问题。我国目前实行的大部制改革的特征便是机构数量少、职能范围大、综合性强，精简一些权力重叠的部门，减少部门横向之间的"踢皮球"现象，提高政府工作人员的办事效率。除了大部制改革之外，运用"互联网＋政府"的治理模式，可以从源头上对行政效率低下的现象进行遏制，即将一部分行政工作的主体由人转为网络平台，从而避免了行政工作人员的主观懒政现象，大大提高行政工作的效率。同时，实行"互联网＋"还可进一步解决部门利益化的现象。由于部门利益的存在，政策过程实际上是各部门之间讨价还价不断妥协的过程，这样就大大影响了政策制定与执行的效率。将实体的部门行政工作搬到网络平台当中，可以在一定程度上打破部门利益固化的顽疾，避免官僚追求部门预算最大化的倾向。利用"互联网＋"升级地方政府治理，就必须进行行政业务流程再造，打造网络行政工作平台。这样可以进一步减少行政审批手续，让人民群众动一动手指、足不出户就可以轻松完成行政审批，让数据多跑路、人民少跑路。第三，加强政府政策执行的外部监督力度。在"互联网＋"背景下，政府治理过程中的信息公开程度越来越大，也越来越透明，公众可以轻易地在网络上看到公开的政策信息。于是人民群众的政治参与热情高涨，对政府决策的制定与执行的关注度提升，来自于外部群众的监督力度不断加大，促使政府治理的进一步公平公正公开。

最后，"互联网＋"的广泛应用有利于转变地方政府治理的方式。政府治理的方式和手段随着互联网技术的发展而不断变化。一方面，政府可以使用大数据、云计算、物联网等技术加强对市场的监管，开启"互联网＋监管"模式。政府应加速部门间的信息融合，避免出现信息孤岛现象，探寻构建企业与个人的征信体系，建立起诚信档案制度、失信惩戒制度以及黑名单制度等一系列约束机制。通过数据流动层面的改革促进市场监管和公共服务领域的改革，杜绝之前“以批代管”“以罚代管”的现象，加强事中、事后监管，促进简政放权。另一方面，应充分发扬“互联网＋”在数据方面的长处，统筹运用大数据等各种技术手段，尽快在治安维稳、农业生产、应急管理、服务民生等领域覆盖“互联网＋”技术，使社会公众享受到高效、满意的公共服务。

第六章

“互联网+”语境下的经济治理

互联网的出现与普及，如同18、19世纪以及20世纪的工业革命一样，预示了社会和经济的转型。但同时，互联网的普及与应用给社会和经济所造成的影响与变化，又不同于工业时代替代农业时代所带来的变化，而是一场巨大的变革。

进入21世纪以来，从“政府1.0”跨越到“政府2.0”，从“以政府为中心”进入到“以国民为中心”，基于社交Web 2.0时代的形成以及互联网发展所带来的信息技术与通信技术的飞速发展，政府、国家治理的方式发生了翻天覆地的变化。互联网的发展为这个时代的我们提供了比以往更多的自由，但也使人类变得更加渺小，并且人们的观念也发生了相应的变化，人们对物质的追求被削弱，能量化的分享使人类生活更加公平与和谐。众所周知，数字革命，特别是移动互联网时代，就像一把双刃剑，既带来了危机和焦虑，又给我们带来勃勃生机，为社会国家的发展注入新的动力。互联网将人类带入一个经济、社会与技术大变革的时代，世界近百年来发生的技术变革比人类历史上任何时期都辉煌。在这个辉煌的时代，实现国家治理现代化离不开对互联网的认识、运用和治理，而现实社会与互联网社会又不可分割，具有很强的同构关系。互联网下的国家治理，我们可以说，就是在大数据时代与信息化社会中，实现国家治理与互联网的无缝隙对接，以期达到“政通人和”。麦肯锡全球研究院发布的报告显示，2013年，中国互联网经济占GDP比重升至4.4%，已达到全球领先国家水平；预测2013～2025年，互联网将帮助中国提升GDP增长率0.3～1个百分点，带动中国劳动生产率提高7%～22%。①

我们正处在一个变迁的时代，我们工作、生活的动力已经不再是工业力量，驱动社会进步、经济发展早已变成了数字力量，数字化时代正在取代工业化时代。人类社会已经进入了新的技术发展周期，新一轮的技术革命与之前的农业时代、工业时代都不同，这一轮的技术革命是能量化替代物质化，数字世界正在形成。新一轮技术革命所带来的数字世界，其运行规则不同于实体世界，数字世界持续发展与实体世界相结合，形成了一种新的发展模式——“互联网＋”。“互联网＋”重新定义了传统产业与互联网产业，二者直接的界限变得更加模糊，传统产业与互联网产业不是互相侵蚀、相互防守，也不是反击、合作，而是相互融合、互联互通、你中有我、我中有你。“互联网＋”是“创新2.0”下的互联网发展的新业态，是知识社会“创新2.0”推动下的互联网形态演进及其催生的经济社会发展新形态。“互联网＋”是互联网思维在实体世界进一步实践所产生的成果，它通过推动经济形态不断演变，带动社会经济实体产生新的生命力，为改革、创新、发展提供广阔的网络平台。

简而言之，“互联网＋”就是“互联网＋各个传统行业”，但这并不是简单的两者之间的相加，而是利用信息通信技术以及互联网平台，让互联网与传统行业进行深度融合，创造新的发展生态。从经济发展方面来看，互联网正广泛应用于金融服务、交通运输、医疗与生命科学、通信技术、能源等各个领域，体现其巨大的商业价值和经济效益。数据正逐渐在现代商业社会的竞争中占据核心地位，以大数据为基础的“互联网＋”将更有效地提高我国经济发展水平，助力国家经济治理实现飞跃发展。

“互联网＋”的核心是数字世界对实体世界施加影响，当数字世界发展到一定程度之后便开始影响实体世界，并且数字世界与实体世界相结合的过程中，以大数据为基础的互联网将起主导作用，数字世界的规则由此开始带入实体世界，影响着实体世界的各种规则与规范。“互联网＋”这一新范式的出现，带来了人类技术层面的本质变化。由于“互联网＋”是数字世界和实体世界的一种融合，它的表现和发展规律与人们以往的认知完全不同，甚至令人十分困惑。“互联网＋”对人类的政治、经济结构都产生着深远持久的影响，我们的商业发展模式、社会交往关系、国家治理方式都被其深刻影响。“互联网＋”在影响国

---

① 参见《国务院部署“互联网＋”行动 为经济转型创业创新注活力》，http://news.xinhuanet.com/2015-06/24/c_1115713582.htm，2015年6月24日。

家发展的同时，对企业的发展也产生了更加直接的影响。曾经，互联网让传统企业备感压力，现在，"互联网+"将成为传统企业迸发生机的推动力。我们可以看到移动互联网给整个商业社会所带来的影响，如降低成本、提高效率、缩短成长或衰退的周期、打破传统的分销体系、精确定位某一细分的消费群体、改变企业和客户的关系等，这种变化的速度之快、范围之广、程度之深，已经超出我们的想象。当传统企业实施"互联网+"战略之后，产业转型和升级将成功实现，再加上移动互联网时代的力量，传统产业将有无限的发展机会、更宽广的创新空间和更巨大的创业能量。将来，也许传统产业与互联网产业的边缘将更加模糊甚至消失，两个产业将融为一体。

移动互联网、"互联网+"影响的不仅仅是思维层面和策略层面，更是对传统企业的理念、文化、组织、结构、产品、创新、管理、营销等的重新构建。我们曾亲眼看到，有上百年积累的大企业、大品牌因为疏于进步与创新，没有抓住互联网所带来的商业革命机遇，致使自身光芒黯淡，直至消失被人遗忘。移动互联网时代不同于互联网时代，更不同于工业时代，它又一次改变了商业规则、商业模式、管理理念和思维方式。然而，在"互联网+"的新战略中，管理方式和互联网化转型的管理基本上是上一次工业革命延续下来的基本方式，这难免会把我们的企业引入歧途。技术的进步随之带来管理的进步，移动互联网的属性映射到企业管理当中，使得经济理论与管理理论发生了重大变化。传统企业与移动互联网相互结合，"互联网+"的转型给传统企业超越新兴互联网企业带来了新的机会。新兴互联网企业已不再是颠覆传统企业的重要因素，能够颠覆传统企业的也许就是它们自己。互联网正逐渐成为一种生活方式，成为社会经济新生态。作为社会生活的直接参与者，在享受其所带来的丰富体验的同时，我们也感受到了"互联网+"所带来的巨大冲击。马克思在《〈政治经济学批判〉序言》中写道："人们在自己生活的社会生产中发生一定的、必然的、不以他们的意志为转移的关系，即同他们的物质生产力的一定发展阶段相适合的生产关系。这些生产关系的总和构成社会的经济结构，即有法律的和政治的上层建筑竖立其上并有一定的社会意识形式与之相适应的现实基础。"①

卢梭撰写《百科全书》提到"政治经济学"时曾指出，"经济"这个词最初指的是"贤明合理地管理家政，为全家谋幸福"。② 这就意味着经济治理要针对每一

① 《马克思恩格斯文集》第2卷，人民出版社2009年版，第591页。

② 参见汪民安等主编：《现代性基本读本》下册，河南大学出版社2005年版，第388页。

个人的财产和行为，要像家长对他的家政一样，实施专注的监视和控制。习近平总书记指出：“国家治理体系是在党领导下管理国家的制度体系，包括经济、政治、文化、社会、生态文明和党的建设等各领域体制机制、法律法规安排，也就是一整套紧密相连、相互协调的国家制度。”[①]国家治理体系内容包括经济、政治、文化、社会、生态文明和党建六个制度方面，而国家治理能力就是运用上述六方面制度管理各项事务的水平与绩效。从这一角度而言，经济治理无疑是国家治理不可或缺的重要组成部分。经济往往是最为敏感的地带，“互联网+”对经济发展所带来的一系列负面影响也最早开始显露，经济治理的议题由此提上日程。

第一节 互联网与市场监管

对于2008年经济危机形成的原因，其中一种重要的观点认为，金融危机发生的很重要的原因之一便是市场监管的缺失。联合国副秘书长吴红波在参加第六届阿斯塔纳经济论坛时公开表示，2008年经济危机发生的一个重要原因就是缺乏一定的金融监管。他认为，全球要想彻底摆脱经济危机，首先需要解决的问题就是监管，特别是有关金融领域的监管。[②] 香港特别行政区财政司前司长梁锦松先生也认为，2008年经济危机的主因是监管的缺失。

这从一个侧面反映了监管在国民经济运行中的重要地位，以及加强监管的紧迫性。确保公平竞争，监管就显得尤为重要。中国互联网协会发布的《中国网民权益保护调查报告》显示，2015年，中国网民因网络诈骗、垃圾信息、个人信息泄露等导致的经济损失大约为1093亿元。其中，网购致使网民权益损失最为严重，网民遭受损失的范围广，平均损失规模大，曾在网购中遭受损失的网民高达65.3%，平均经济损失为176.2元。[③] 网络欺诈盛行不仅侵害个体利益，更严重危害了“互联网+”经济公共安全秩序。

2014年10月，李克强总理在国务院常务会议上提出注册登记改革，我国政府职能转变围绕市场经济主体的监管进行了一系列的创新。到底何为市场监

① 《推进国家治理体系和治理能力现代化》，载2014年9月25日《南方日报》。

② 参见吴红波：《摆脱世界经济危机需要解决三大问题》，http://news.hexun.com/2013-05-24/154474651.html，2015年6月20日。

③ 参见韩前进：《“互联网+”经济风险治理》，载《当代经济》2016年第4期。

管，接下来我们简单了解一下。市场监管是指市场监管主体对市场活动主体及其行为进行限制、约束等直接干预活动的总和。市场监管不是对特定行业、特定市场、特定区域的具体管理，而是对整个经济的普遍性的监督管理。以往，大部分工商管理部分的市场监管只是涉及实体世界的一些有形市场的管理，忽略了对无形市场的监督管理，更不用提对网上购物、电子商务等虚拟世界的交易行为的管理。简而言之，传统的工商管理只限于具体交易行为，未充分认识市场交易关系；只关注具象，而忽略对抽象行为的监管。

中国"互联网+"经济发展的现实存在很多不良现象：电商只是实现传统店铺利润集中向电商平台转移，反而出现实体店铺倒闭潮；网上营销舞弊、欺诈、假货盛行、税源流失，借助互联网运行的企业处于不盈利状态等问题；互联网渠道平台过度垄断，打压注册商户生存空间，对经济的贡献未能抵消其他领域亏损数据；P2P 网贷平台普遍关门跑路；等等。[①] 正是由于市场监管的缺乏，导致上述不良现象频出。"互联网+改变了经济发展的技术环境、生态环境等，但是市场监管部分却并未认识到这种变化，加之以往对数字世界监管的忽视，严重影响了市场的稳定运行以及经济的健康发展。因此，对于"互联网+"下的市场监管应引起足够重视。

2015 年两会期间，李克强总理在政府报告中提出："制定'互联网+'行动计划，推动移动互联网、云计算、大数据、物联网等与现代制造业结合，促进电子商务、工业互联网和互联网金融健康发展，引导互联网企业拓展国际市场。"[②]借助互联网的威力，"互联网+"的概念迅速传遍整个中国。互联网对中国经济产生的巨大影响毋庸置疑，并且它将在各个领域产生更加深远持久的影响。由此，对于网络市场的监管，尤其是运用互联网思维创新市场监管方式，是"互联网+"时代下的必然选择。

互联网业界流传这样一个段子："邮政行业不创新，顺丰就替他创新；银行不创新，支付宝就替他创新；通信行业不创新，微信就替他创新；出租车行业不创新，滴滴快的就替他创新。"[③]同样，对于市场监督者而言，如若不能随着互联网的发展而发展，不能随着电子政务、电子商务的创新而进行自我创新，必然会

---

① 参见韩前进：《"互联网+"经济风险治理》，载《当代经济》2016 年第 4 期。

② 李克强：《政府工作报告》，载 2015 年 3 月 17 日《人民日报》。

③ 施建军：《简政放权背景下的市场监管模式创新——基于"互联网+信用+大数据"模式的工商监管》，载《中国工商管理研究》2015 年第 6 期。

被时代所抛弃。

2014年8月25日，在深圳五洲宾馆，深圳市市场和质量监督管理委员会召开了一场征求意见会——“关于大市场监管职能转变及监管方式创新”。会议重点讨论了深圳市市场和质量监管委起草的《关于推进大市场监管职能转变及监管方式创新的意见(征求意见稿)》(以下简称《意见》)。《意见》明确提出，要将大数据监管应用到市场监管上来。另外，《意见》提到，在特种设备等监管领域，可以依托信息网络技术，做到在线即时检测，实现非现场监管执法。深圳市的进一步设想是：依托深圳市市场和质量监督管理委员会在日常监管中所形成的市场主体、商品质量、消费投诉、商品价格、行政处罚等庞大的企业信息数据，开展大数据监管专项研究和实践，建立科学的数据分析模型，通过对市场主体准入登记、纳税、社保医保、日常水电消耗等数据的综合比对、分析、监测，科学筛查、及时发现涉嫌违法的市场主体，预警系统性、区域性的市场异常现象。[①]

正如伯姆所说，要维持市场经济的良好运行，需要持续不断地看护与栽培，就像创建并维护一个精耕细作的公园那样。也正是如此，为市场经济创造并维持适当的规则框架——也就是市场监管，将是政策里一项真正的、不可推卸的政治任务，这项任务就是“园丁”的工作。对于一名园丁而言，他并不需要像一名工程师那样去建造什么东西。他所应该做的是为那些人们所期待的果实的自然生长提供有力的环境，同时遏制那些妨碍果实成长的因素的发展。也就是说，市场既需要培养，也需要监管。我们既需要一定的包容性，也需要相应的底线，以此来防范市场风险。就像园丁一样，通过及时的“除草”来维护市场环境，规范市场规则。对于包容性，恰当的理解是，一个优秀的园丁不会对花园的种植种类和数量作出严格规定，他的主要精力放在对花木质量的呵护之中，浇灌它们使其健康成长。而所谓的“底线认识”，是指监管机构必须以市场规则为底线，对那些破坏规则、危害市场竞争的行为和主体予以适时打击，以此来维护规则，确保市场环境的稳定和良性运行。在这方面，监管机构可以主动出击，事先预防风险的发生。[②]

而在整个市场规则中，信用作为现代经济的基础，在市场经济中发挥着重要作用，是市场监管的基石。国家工商总局局长张茅就曾提道，创新市场监管

---

① 参见陈潭等：《大数据时代的国家治理》，中国社会科学出版社2015年版，第99页。

② 参见陈潭等：《大数据时代的国家治理》，中国社会科学出版社2015年版，第94页。

方式，首先就是着力构建信用监管机制。[①] 社会秩序与信任密切相关，良好的社会秩序离不开信任，信任是建立稳定的社会秩序的重要保证，良好的信用体系是市场经济健康持续发展的护身符。消费者之所以选择购买该商家的商品，是出于对其的信任，而该商家之所以敢接受消费者支付的货币，是出于对这个国家的信任。如若没有这种彼此之间的信任，消费者对商家出售的各种商品不信任，商家对意欲购买的消费者所持有的货币持怀疑态度，那么，整个国家的商业活动必将紊乱，社会将无法正常运转。为此，有学者认为，信用的根本就是市场经济运行的前提和基础，市场经济的根本就是信用经济。目前，我国已初步建立了三个层面的"信用＋大数据"市场监管模式：覆盖全国的企业信用信息公示系统，各地工商系统自建的企业信用信息公示系统，其他政府机构或民间组织所组建的企业信用信息网站。

企业信用信息公示机制不论是在工商系统还是在其他相关政府部门，不论是政府部门还是民间组织，都受到高度重视，我国已初步建立企业信用信息公示的多层次机制。在以大数据为基础的"互联网＋"时代下，运用互联网思维创新市场监管模式同样需要以信用为基石。

第二节　互联网与经济决策

一、经济决策

经济决策有广义与狭义之分，从狭义来看，经济决策就是指选择或作出决定，是指决策方案的最后选择。从广义的角度来看，决策是一个管理的过程：以经济理论为基础，以古往今来的信息库为依据，通过科学的方法和工具，系统地分析主客条件，提出一系列备选方案，然后选择能够实现我们特定目标最优方案的有效方法，最后付诸实践并进行监控的这样一个全过程，并且在这一决策实施过程中通过反馈不断加以调整。简而言之，经济决策是指经济管理部门和企业为了达到某种特定的目的，在经济调查、经济预测和对经济发展、管理活动等规律性认识的基础上，运用科学的方法，根据对效果（效益）的评价，从几种可

① 参见《国家工商总局局长张茅谈推进落实简政放权》，http://news.xinhuanet.com/fortune/2015-05/29/c_1115453111.htm，2015 年 5 月 29 日。

选择的行动方案中,选出一个令人满意的方案,作为行动的指南。①

经济决策的类型有很多,这里,我们按照其影响范围的大小将其分为宏观决策与微观决策。其中,宏观决策包括:确定经济体系的运行模式和经济体制,确定经济增长速度与建设规模,确定短期、中期和长期发展方针与策略,确定消费政策,确定人口数量及发展趋势,确定社会经济的总量平衡与失衡的协调战略,确定经济结构发展战略,确定科学技术发展方向等。微观决策包括企业根据市场确定产量,进行人、财、物的合理分配;消费者根据自己的有限收入决定他对各种商品的需求量。

经济决策在经济建设中具有重要的作用,一个国家的经济决策决定一个国家的经济治理能力,而国家经济治理能力又决定了国家的经济发展。

第一,科学决策是提高经济管理水平的手段。经济决策是重要的经济管理功能之一。只有在调查研究和经济预测的基础上,将定性分析和定量分析相结合,才能作出符合实际的科学决策,用于指导经济工作,增强科学性和预见性,减少盲目性和随意性,提高经济管理水平。

第二,科学决策有利于提高经济效益。提高经济效益是实现社会经济发展战略目标的关键。国民经济不讲效益,就不能实现社会发展的战略目标;企业不讲效益,在市场竞争中就难以立足。要提高经济效益,就要有科学的决策。应当在深入调查、准确预测的基础上,以经济效益最大化作为决策的主要目标,推动国民经济的健康发展。

第三,科学决策是培养新型经济管理人才的工具。经济管理人员科学文化素质的提高,是社会经济发展的要求。要作出科学的决策,就需要决策者具有相当的理论水平和专业知识。通过科学的决策,可以促使各级经济管理人员努力提高管理水平,深入调查研究,积累实践经验,同时努力掌握现代经济管理科学知识,从而认识客观规律,按客观规律办事,增强管理的科学性和预见性。

二、互联网下的经济决策

在以大数据为基础的互联网时代之前,我们的经济决策与传统的治疗癌症的方法一样,基本上是简单的、无差别的"一刀切",这样虽然杀死了癌细胞,但也同样消耗了很多正常细胞。这种治疗方法的结果是,癌细胞得到控制,但身

---

① 参见鲍立威主编:《管理科学方法》,浙江大学出版社 2008 年版,第 264 页。

体其他部位在杀癌细胞的同时遭受了巨大伤害。而大数据能够提供高速的计算能力，这有利于决策者更加准确而快速地设计政策方案。“决策支持系统”通过实时监控，能够非常及时地侦知到经济运行过程中的异动，一旦经济运行过程出现异常的苗头，我们只需选定病灶——特定的行业或地区，再根据该行业或地区的特定情况组合，按所需效果进行精准设计。[①] 如果经济病变导致政策失效，决策者还可以从备选政策中及时挑选另外的政策组合，从而实现整体的准确治理。

也就是说，在大数据时代，决策者们是通过数据以及分析的结果作决策，而不是依靠经验和直觉。只要提供的数据量足够庞大，能够真实通过数据挖掘模式，就可以较为准确地把握人们的行为规律，预测经济运行态势等在内的一系列复杂问题。在这个全新的互联网时代，决策者和经济学家都必须抛开传统的依靠经验和直觉的束缚，像数据分析家们那样通过对数据的分析得到有效信息。可以预见的是，伴随着大数据时代的到来，依靠数据决策的方式将逐步替代传统的依靠经验的决策方式。这种决策方式的改变，使决策流程重新洗牌。随着大数据技术的日益成熟，决策支持系统也开始由经济运行信息的“获取—传递—处理—分发”为主要内容和运行轨迹的信息传递流程，向重视大数据处理应用、统一优化管理的经济运行数据的“采集—传递—分析—应用—反馈”的大数据应用流程转变。

决策支持系统通过对大量数据的开发处理，大幅度提高了从数据中提取高利用价值信息的能力，从而实现了经济运行综合态势的实时感知和认知同步。这样就压缩了决策以及制定政策的时间，提高了经济治理的反应能力。随着数据挖掘技术、大规模并行算法及人工智能技术的不断完善和在经济领域的广泛应用，经济运行信息、决策和政策制定一体化将取得实质进展，从而使得大数据应用流程与决策流程真正做到无缝链接并相互驱动。这将有助于决策支持系统实时捕获重要信息，而决策层则能够及时进行“发现即应变”式的精确应对。[②]

第三节 “互联网＋”下经济的高效运转

“互联网＋”推动了经济的市场化，使市场经济释放出巨大潜力。然而，“互

① 参见陈潭等：《大数据时代的国家治理》，中国社会科学出版社 2015 年版，第 91 页。
② 参见陈潭等：《大数据时代的国家治理》，中国社会科学出版社 2015 年版，第 91～92 页。

联网+"对国民经济发展的推动作用却不能被神话，政府经济治理制度设计需要将现实与神话区别开来，回归理性。

以大数据为基础的"互联网+"有助于我们把握经济运行的脉搏，推动虚拟经济与实体经济向两个维度融合发展，实现"互联网+"模式下经济的高效运转。既要做好市场监管，又要保证经济决策的科学性，只有双管齐下，才能确保"互联网+"模式下经济的高效运转。

（一）市场监管

在"互联网+"时代，若要做好市场监管，就必须充分利用大数据以及市场经济的基石——信用。关键的一步是要创新市场监管模式，具体来说，以下几个方面不容忽视。

第一，以网治网——寻找边际成本为零的市场监管方式。传统的经济是以人为主的市场监管方式，互联网经济的本质是信息经济，面对大量的网络商品和网络商家，传统的市场监管方式和监管思维无法对"互联网+"时代下的新经济进行有效的监管，因此必须创新监管方式，以网治网，也就是以互联网的思维解决互联网的问题。更直白些，电邮网站、门户网站、电商网站本质就是一个信息系统，市场监管也相应地是一个网络信息系统，市场监督者的工具和市场运行者的工具应该是对应匹配的。

第二，消费者参与——自组织的市场监管理念。在一些社交网站中，用户既是使用者，也是制造者。在B2B、C2C网站中，大量买家具有双重身份，因为他们同时担当卖家。在互联网环境下，用户参与成为市场监管的一个重要途径，它解决了一些过去难以解决的问题。因此，监管部门在设计市场监管体系时，应注重用户参与、用户监督、用户自组织，从用户参与的角度设计解决方案。监管部门主要担任设计者、引导者的身份，必要时，采取一定的干预政策。

第三，让数据说话——大数据时代的精确监管方式。随着计算机和互联网应用的普及，大数据时代已经来临，越来越多的信息以数字化和网络化的形态呈现。这些数字化和网络化的信息资源，为我们挖掘有用的信息和知识提供了良好基础。大数据数量大、种类多，是一个大型的数据集合体，这样的数据太过于宽泛，导致无法用传统的数据分析方法进行处理。面对成千上万的信息，必须采取科学的分析方法，挖掘最有效的监管信息，指导市场监管，使市场监管更加高效、精准，净化市场环境。

第四，流程再造——网络时空观下的网络市场监管管辖权。传统的市场监管区域性明显，受时间空间限制，监管效率不高。而在“互联网＋”时代下，互联网经济的用户却是全国性的，对于互联网经济市场的监管已经不能按照地理的市场监督管辖权去划分，需要有一个统一的全国性的、跨地域管辖权的监管机构进行管理。传统经济的人员体系是根据传统经济和对传统经济的市场监管而设计的，显然无法与互联网经济的结构相匹配，所以需要进行新的人员体系设计，创新市场监管模式以适应新的市场经济，营造良好的市场发展环境。

第五，完善信用体系，构建信用监管大数据平台。根据互联网不断的发展变化，市场监管的方式也要不断进行创新，创造一个“互联网＋”时代的公平、良性发展的市场环境，最大限度地保护消费者权益，这是市场监管的根本。

随着经济社会的发展，尤其是随着信息技术的发展，大数据的相关技术已非常成熟，并且在经济社会的各领域发挥着积极作用。当然，我们可以预见到，在未来，由于市场监管动态化和分布化的特点，地区之间、行业之间的界限会越来越模糊，以属地、业务、机构等为导向的监管也会日益弱化。

（二）科学决策

国家的经济治理能力决定了一个国家的经济发展，而国家的经济治理能力又被国家经济决策所决定，一个国家的经济决策是否正确又取决于决策是否科学，科学的决策往往离不开准确的信息。在工业社会，盛行以专业化分工、科学管理原理和科层制理论为基础的官僚体制，随着社会经济的发展，逐渐呈现出各种问题，信息传递迟缓、滞后。在传递的过程中，信息被严重歪曲，再加上与现时代不相符的落后的数据观念，信息数据已经失真，严重影响了经济的全面可持续发展。沧海桑田，世事维新，随着互联网的快速发展，大数据的理念和工具应运而生，我们又该如何以大数据之“道”去应经济治理之“变”呢？

面对层级过多且臃肿的官僚体制以及落后迟缓的传统数据观念，科学化决策变得难上加难。不科学的决策必然会影响一个国家的经济决策，正如多米诺骨牌效应，国家的经济决策又会影响到一个国家的经济治理能力，进而影响国家的经济发展。面对这样的问题，虽然令人头痛，但也同时为我们指明了解决相应问题的方向。

第一，面对官僚体制层级过多的问题，需要实现信息收集和处理的扁平化，因而决策必须从以结果为目的的分析，转向以过程为目的的分析。

第二，面对传统落后的数据观念，需要从单型的数据分析向多渠道转变，收集多渠道的信息进行反馈。过去，受信息技术的局限，在制定经济决策时缺乏足够的数据支持，并且信息和数据本身的准确性与真实性都难以保证，所以决策者不得不依靠其直觉与经验。如今，我们正处于大数据时代，不再局限于狭隘的数据记录、存储以及分析方法和工具，互联网时代使我们可以享受前所未有的大数据全样本体验，可以完成过去无法完成的任务，国家经济规避风险的能力同时得到了提高。

第七章

“互联网+”语境下的城市建设

大部分人都遭遇过这样的情形：在出门等待公交车的时候，焦急地望着公交车来临的方向，对于公交车到来的时间却一无所知；在交通拥挤的时段，我们驾驶着汽车想要避开堵车路段，却不知道哪一条路是畅通的，能让我们赶回家早早休息；在人山人海的购物中心，内急到来时却无法找到周围的公共厕所；在炎热的夏天，忽然停电或停水，却不得不忍受炎炎夏日，出门缴纳水电费……这些日常生活中偶有发生的窘境让我们感到异常失落，这种焦虑困扰着我们的工作和生活。我们都不喜欢无法预测的生活，但是面对城市运行和发展给我们带来的困扰却无能为力。毫无疑问，不断扩张的城市化吸引着大量的资源和人口涌入，然而日渐拥挤混乱的城市空间加剧了这种恶性体验。我们能够摆脱城市病的感染吗？什么“药物”能够治愈城市病呢？许多时候，城市繁荣带来的机会让我们欣喜，但城市管理的种种诟病却也给我们带来不快的生活体验。身处城市世纪，我们急需一个饱含能量的魔方，使城市社会秩序走向可能的标准化、规范化与常态化。

城市是经济活动开展的空间载体，大量的生产要素聚集于城市以获得规模效应。由于聚集带来的知识溢出，城市成为创新和技术成熟的摇篮。为此，城市被认为是现代化和经济增长的引擎。①

城市建设是国民经济和社会发展的重要组成部分，它有狭义与广义之分。狭义的城市建设是指城市各处建筑的设计勘察、施工，包括生产性建设、非生产性建设和城市基础设施的建设。广义的城市建设包括城市规划、城市建设和城

① 参见丁任重、吴波：《城市现代化的特征与路径》，载《城市问题》2012年第6期。

市管理三个部分。城市建设是形成和完善城市功能，促进城市经济和社会发展，改善和提高人民物质文化生活水平，充分发挥城市效用的重要基础工作。各级政府都应加强对城市建设的领导，做好城市建设的规划，科学组织城市建设的施工。加强城市建设的组织管理是搞好城市建设的关键。

我们这里要讲的城市建设，是城市管理的重要组成部分。城市建设以规划为依据，通过建设工程对城市居住环境进行改造与完善，对城市系统内各物质设施进行建设。城市建设的内容包括城市系统内各个物质设施的实物形态，是为管理城市创造良好条件的基础性、阶段性工作，是过程性和周期性比较明显的一种特殊经济工作。城市经过规划、建设后投入运行并发挥功能，提供服务，真正为市民创造良好的人居环境，保障市民正常生活，服务城市经济社会发展。因此，城市建设是以城市规划为依据并最终服务于城市运行的。

当前，经济的高速发展为城市建设提供了基本动力，市场的喷射式发展和高新技术产业的发展为城市的发展增添了新的活力，这使中国的城市发展迎来了一个前所未有的时期，制度创新、政策的调整打破了以往制约城市发展的障碍。近年来，不管是位于全国城市体系顶端的国际性大都市，还是地区性的中心城市，或者是小城市，都充满生机，蓬勃发展，城市功能日渐增强，经济活力不断更新，空间结构不断调整，城市面貌发生了翻天覆地的变化。

中国城市的发展，既有传统的工业化的推动，也受中国特有的政治、经济、文化因素的影响。更重要的是，中国正处于世界经济格局大调整和自身社会转型的大背景下，各种因素纵横交错。与以往世界上其他国家的城市发展相比较而言，中国的城市发展更加复杂，同样，中国的城市建设比以往发达国家所面临的问题也更加复杂。在这些错综复杂的因素中，高新技术在其中扮演着越来越重要的角色。

第一节 城市建设的重要资源

进入互联网世界，整个社会都处于加速状态。中国由于庞大的人口基数，互联网的运用整体超过了欧洲。我们还在基于 PC 时代的互联网讨论问题，问题尚未解决，移动互联网、大数据又风行天下，PC 端几乎又成了传统媒介。移动互联网、大数据对政府治理提出了新的要求，尤其是如何利用大数据提供公共服务，提高运营水平；在移动时代，所有人的闲置资源都可以调动起来的情况下，如何让社会力量参与社会治理等等都是我们面对的新问题。

随着互联网的发展，在信息化时代，大数据已成为重要的社会资源。大数据既是技术，也是数据本身。大数据具有海量性、多样性、处理速度快、易变、真实、整体价值高、复杂性的特点。简而言之，大数据是大量数据的集合。互联网时代下，大数据技术发挥重要作用，它能够将沉睡于大量数据中的有效信息快速提取出来，为整个社会各个领域的活动提供数据保障，从而提高社会各领域的运行效率。以往，我们依靠经验和直觉，或者是单一的数据，其使用价值较低，信息有效性不高。互联网时代下，依靠大数据技术，将全社会各类经济主体的各类信息结合其特点和分类进行科学合理的收集、分析、处理，使其成为重要的社会资源。

之前，大数据技术主要应用于企业。经典的案例就是沃尔玛公司利用数据发现，啤酒和尿布这两件看上去风马牛不相及的商品经常会被放在同一个购物篮中，由此，沃尔玛改进了货品的摆放方式并获得了很大的收益。美国梅西百货基于 SAS 系统对多达 7300 万种货品进行实时调价。但是，随着互联网技术和移动互联网技术的快速发展，不仅企业，国家、政府更是抓住机遇，以此作为重要的资源提高国家治理能力，科学进行城市建设，加快城市的创新发展。在线视频网站“马芬网络”创始人希尔米·奥兹加曾说：“互联网解放了我们的时间，给予我们选择的自由。现在又让我们摆脱了空间的束缚。”[①]互联网突破时间与空间的限制，为城市现代化建设提供了新型资源。

从传统城市到数字城市，再到智慧城市，互联网和大数据所带来的城市形态的演变一次又一次地刷新着我们的认知。通过信息技术支撑，人类的社会生活愈加便利；通过互联网等塑造的城市公共价值为生活在这座城市的每一位市民创造了独特价值，并且实现了城市间的可持续发展。以大数据为基础的互联网时代的信息技术展现了一个智能化的世界，是知识社会形成和发展的重要基础，也是建设可持续、创新性现代化城市的必要条件和重要资源。

① 转引自［美］格林：《无界：企业如何在全球互联时代生存》，卞斌译，机械工业出版社 2011 年版，第 3 页。

第二节 城市建设变革的力量

一、城市革命

城市变革，简而言之，就是城市发展进程及发展方向的重大变化和革命性转折，就是城市发展道路及发展模式的历史性变革，亦谓之"城市革命"。人类历史上的城市革命有三次：

第一次发生在奴隶社会末期。小农经济的诞生和奴隶对乡村小农经济的追求引起了奴隶城市的崩溃和封建城市的出现。第一次城市革命的直接结果是：城市不仅有城，而且有市。一方面，城市开始成为手工业的集中地和商品集散地，开始成为马克思所说的"真正的城市"；另一方面，出现了"城市乡村化"，即"乡村在经济上统治着城市"①，"工业在城市中和在城市的各种关系上模仿着乡村的组织"②。

第二次城市革命开始于18世纪中叶。工业革命的兴起，不仅使资本主义城市彻底取代了封建城市，而且使资本主义城市发展获得了前所未有的动力。第二次城市革命的直接结果是城市工业化，社会生产力以极高的速度不断发展。乡村城市化加速，越来越多的人口从乡村迁入城市，享受着新的城市生活方式。随着生产和资本的高度集中，城市数量和规模不断膨胀，城市环境亦日趋恶化。

第三次城市革命与前两次城市革命相比，其地位更加重要、影响更大、意义更加深远。第三次城市革命大约始于20世纪70年代，它以计算机的广泛应用以及信息时代和知识经济时代的来临为标志。第三次城市革命使工业时代的"物质经济"被抛弃，信息社会和知识经济登上历史的舞台，知识替代物质成为新的资本影响生产力三要素，城市发展开始以人为本，进入数字化发展时代。

二、深刻的动因

每一次城市革命的发生，都有其深刻的牵动因素。引发第三次城市革命的主要动力有以下几个方面：

---

① 《马克思恩格斯全集》第21卷，人民出版社1965年版，第189页。

② 《马克思恩格斯全集》第46卷(上)，人民出版社1980年版，第45页。

第一,知识经济时代初露尖角。人类历史经历了采集狩猎时代、农业时代和工业时代。工业经济时代为人类社会创造了前所未有的巨大财富,为人类做出了不可磨灭的贡献。但它有一个致命的缺点——过分依赖物质资源,这样就不可避免地带来了能源危机和环境危机。

所谓知识经济,就是以知识和信息为主要资源,消耗更少的物质和能源,提供更好的产品或服务的经济。工业经济时代产生了一次城市革命,与此相应,知识经济必然会引起城市的变革。

第二,数字网络与信息技术的不断发展。物质、能量、信息作为人类生存与发展的战略资源,各有其价值与功用。

20世纪70年代以来,以信息革命为基础的现代网络开始出现。信息革命的实质就是打破时间、空间的限制,让任何个人与组织,在任何时间和地点都可以传递和获取其所需要的各类信息。现代网络经济的不断发展,使得科技、教育产业也出现了分散化发展的可能性,大大改变了传统的发展模式。例如互联网的普及与发展,不仅使在家办公成为可能,并且实现了远程教育,使学生在家上课也变成现实。而网上银行、电子商务以及网络远程教学的发展,使得传统的城市商务中心和大学城趋于分散,分散化的布局改变了传统的城市功能分区,使城市在空间利用方面更加灵活,在布局选择、规模构造上获得了更大的适应性。

第三,社会进入"以人为中心"的个性化发展阶段。人类生活已经进入到了一个以人为中心的个性化发展阶段,人类的发展不仅能满足人的生理需要、安全需要、归属享受的需要、尊重的需要以及自我实现的需要,而且还能满足人的个性发展、兴趣发展、志向发展、创造能力发展以及理想信念发展和实现的需要。满足人的个性化发展需要的实质就是满足人追求生活质量的需要。

第四,全球经济一体化趋势不断加强,促使经济更加自由开放。经济的自由、开放是市场经济得以实现的前提。国家和区域在经济上的自由和开放,是当今时代经济发展的必然趋势——城市和企业都是世界范围内自由活动的经济主体。各个国家和城市的金融市场、服务市场互相对外开放,形成以特大城市为中心的金融中心,经济中心的分散使得世界经济竞争更加公平。

所有这一切,都对城市革命产生方向性的影响。城市革命意味着城市发展过程和方向的历史性转折。新的城市革命,既给我国城市发展带来了有利的机遇,同时又提出严峻的挑战,特别是思想观念和认识方式上的挑战。

第三节 “互联网＋”下城市的现代化建设

经过三十多年的快速发展，中国的经济取得举世瞩目的成就，中国的城市发展也进入到高速模式，不仅数量上日渐增加，规模也日益扩大。城市发展带动了整个经济社会发展，而城市建设是现代化建设的重要引擎。作为经济增长的动力，城市的现代化建设在整个现代化建设格局和进程中必然扮演着举足轻重的角色。

2015 年，中央城市工作会议指出，全面建成小康社会，加快实现现代化，必须抓好城市这个“火车头”。同时强调，要建设和谐宜居、富有活力、各具特色的现代化城市，提高新型城镇化水平，走出一条中国特色城市发展道路。[①]

一、城市现代化

关于城市现代化的研究，国内主要有以下几种模式：顾朝林等从经济发展、社会发展、国民素质、生活质量和环境质量等五个方面建立了城市现代化的评价标准，并用这个标准对江苏省的城市体系进行了评价。[②] 姚士谋等则从偏向城市规划和建设的角度探讨了城市现代化的基本概念和标志，并进而从居民生活质量、社会安全、环境质量、城市经济、城市对外开放程度、城市人力资本、城市文化品位等八个方面建立了城市现代化的指标体系。[③] 吴永保认为，城市现代化包括经济实力、经济结构、城市化和国际化、科技化与信息化、居民素质与生活质量、资源与环境等六个方面，并依此建立了评价体系。[④] 阎小培等应用现代化理论，探讨了城市现代化与现代化的关系，认为城市现代化的动力是科技和创新，政治经济体制、企业运营机制和个人的现代化是基本影响因素，区位条件、城市发展背景等则是不可忽视的辅助要素。[⑤]

城市现代化是城市发展的普遍追求，是城市自身运动的高级阶段和城市存

---

① 参见《走出一条中国特色城市发展道路——论贯彻落实中央城市工作会议精神》，载 2015 年 12 月 23 日《南方日报》。

② 参见顾朝林、黄春晓、吴骏莲：《江苏省城市现代化水平评价及预测》，载《城市规划汇刊》2000 年第 6 期。

③ 参见姚士谋、汤茂林：《中国城市现代化概念及指标体系》，载《城市规划》1999 年第 1 期。

④ 参见吴永保：《城市现代化及其指标体系的构建与应用》，载《城市发展研究》2001 年第 1 期。

⑤ 参见阎小培、翁计传：《现代化与城市现代化理论问题探讨》，载《现代城市研究》2002 年第 1 期；《城市现代化的主要影响因素分析》，载《现代城市研究》2002 年第 5 期。

在的最高形式。城市现代化概念有广义、狭义之分。广义的城市现代化，是指城市的经济、社会、文化及生活方式等由传统社会向现代社会发展的历史转变过程，是一个全面发展的概念。具体表现在城市的生产、生活和社会活动以及工厂、住宅、道路、通信、生态环境、公用文化设施等各项建设中，广泛应用现代科学技术成果来体现现代社会生产力水平和精神文明水平，从而使城市经济、社会、生态和谐全面地运行与协调发展，它以为城市居民提供最佳工作、学习、生活环境为目的。狭义的城市现代化，主要是指城市建设的现代化，着重旧城更新和新城建设两方面。一些发达国家由于城市化进入中后期阶段，发生了大城市的市中心衰退，因此市中心的复兴将是主要目标。关于新城建设的设计，科学家们除了设想城市在现有陆地表面以更接近资源、更方便群众的方式继续普遍发展外，进一步注意到要发展海洋城市、海底城市和地下城市。有的设想从不破坏生态考虑，建造空中城市或插入式城市；有的模拟自然生态，拟建设巨型的生态结构的仿生城市；有的科学家还设想建设宇宙城市的可能性。

归结起来，城市现代化，是指城市的多功能子系统按现代方式均衡、协调运行，使城市整体的发展和竞争力达到所处时代的先进水平。它是一个复杂的历史发展过程，是有阶段性的。它不仅由科学、技术和生产力发展水平等条件所决定，而且受地理、历史、文化、民族、社会经济制度等因素的制约。城市现代化的发展还表现为时空结构的变迁，并且是以人的相对独立活动为中心，以经济、社会与生态效益为目的，以科学技术发展为条件。城市现代化不是一个纯粹的自然过程，而是一个历史的变动过程。城市的主体是人，人的现代化、人的意志和素质尤其决策者的意志和素质，对城市现代化发展有着重大的影响，是推动城市前进的根本动力。因此，调动城市人民的积极性，处理好政府和人民群众的关系，维护群众的切身利益，是城市现代化发展的基本点。

中共中央印发的《中共中央国务院关于进一步加强城市规划建设管理工作的若干意见》（以下简称《意见》），明确了建设现代化城市总目标，提出了解决制约城市科学发展深层次问题的具体措施办法，厘清了人们对"现代化"的认识误区，对于更好地促进以人为核心的新型城镇化发展、建设美丽中国具有重要现实意义和深远历史意义。

《意见》提出："务必清醒地看到，城市规划建设管理中还存在一些突出问题：城市规划前瞻性、严肃性、强制性和公开性不够……"一系列的"问题清单"清晰地指出，现代化不是指城市建筑的大、洋、怪，"第一高楼"并不代表城市的现代化水平;现代化不等于“水泥森林”全覆盖,缺乏城市特色、千篇一律的建筑只能是低质量的复制粘贴;现代化也不是一切向西方看齐,曼哈顿再现代化也只是曼哈顿的现代化,没有文化传承的城市就像没有灵魂的人;现代化更不等于城市病蔓延,一个长期交通拥堵、雾霾严重的城市,其城市发展必然受到阻碍,生命力只会越来越弱,何谈现代?

打造现代化城市,就要读懂现代化的内涵。

首先,现代化体现在发展理念上。《意见》提出,要牢固树立和贯彻落实创新、协调、绿色、开放、共享的发展理念和适用、经济、绿色、美观的建筑方针。这符合我国经济社会发展实际,符合城市发展规律,反映了全球发展理念的最新成果,反映了人民生活更美好的愿望。打造现代化城市,必须要以科学的新理念为指导,真正将之贯彻到城市管理建设中的各个领域与环节之中。

其次,现代化体现在规划、建设、管理上。城市规划在城市发展中起着战略引领和刚性控制的重要作用。建设好城市,规划好是头等大事。要依法规划、科学规划,提高城市规划水平,防止“建了拆、拆了建”等大拆大建现象涌现。另外,建设环节也同等重要。要落实工程质量责任,加强建筑安全监管,发展新型建造方式,推广建筑节能技术。管理现代化水平高不高,也是城市现代化与否的标志。要适应城市规划建设管理的新形势、新要求,推进依法治理城市,改革城市管理体制,完善城市治理机制,利用先进科学技术,推进城市智慧管理。

再次,现代化体现在和谐宜居上。现代化的城市不仅需要现代化的建筑,还要有良好的城市生态环境和文化特色;不仅要有清新的空气、干净充足的水,还要有强大的水源涵养能力、雨洪排涝系统。这就要求我们要按照《意见》的部署,推进海绵城市建设,恢复城市自然生态,强化污水处理和大气污染联防联控;加强文化遗产传承的保护和合理利用,让“乡愁”“文化”不只停留在记忆中。

最后,现代化体现在城市公共服务的完善高效上。一户住三四代人、几百人共用一处旱厕……这样的服务水平显然不行。一要大力推进棚改安居,加快配套基础设施建设,提高配套服务水平。二要有效利用地下空间资源,提高城市综合承载能力。三要优化公共交通,缓解城市交通压力。四要健全公共服务设施,提高教育、医疗等服务的承载力,打造方便快捷现代的生活圈。

一分部署,九分落实。读懂城市现代化的“现代化”内涵,只是我们“万里长征”的第一步,接下来需要做的还有很多,必须一步一个脚印扎扎实实走下去,和谐宜居、富有活力、各具特色的现代化城市梦想才能成真。

二、"互联网+"与城市现代化

城市作为经济、政治、文化、社会众多要素的集合体,是一个复杂的开放系统。城市是物质空间的载体,是社会运行的有机体,因而,城市现代化不仅是实现物质环境的现代化,更要实现城市运行机制的现代化。只有物质环境现代化与运行机制现代化相结合,城市才会具有更多的功能,才能更好地满足人类社会发展进步的需要。当前,我国已进入城镇化中期阶段,伴随着互联网的飞速发展以及"互联网+"概念的迅速普及,社会信息化趋势将进一步增强。与之相适应,我国城市建设的现代化出现了以下三大发展趋向:

第一,城市治理理论与模式的数据化、信息化水平提升。2015年,中央城市工作会议明确提出要尊重城市发展规律。实现城市治理理论与模式现代化,是城市发展的规律之一。现代社会是一个高度分工的社会,城市建设也是依靠多个部门分工合作而进行的。专业分工固然提高了工作效率,然而,其细致的分工也带来了一些问题,如部门间的合作变得更加困难,从而影响了运行效率,与城市建设高速运行的初衷相背而驰。随着互联网技术的飞速发展,大数据与信息化技术更加成熟。未来,我们可以通过建立城市数据中心和城市信息模型,实现部门间的信息共享,从而提高城市建设的工作效率,解决部门间的协作问题。

第二,城市经济与基础设施高效绿色发展、智能化程度增强。在"互联网+"时代下,传统产业与互联网密切融为一体,城市现代化也必然受其影响,城市现代化的一个重要发展趋势就是物流、人流、资金流、信息流等要素在流通和交互的过程中所表现出来的智能化。随着城市现代化的发展,科学技术创新逐渐成为城市竞争力的决定性因素,数字化带来了效率的极大提升。城市发展得益于高素质人群的集聚,而吸引这些高素质人才的不仅是城市创造的就业机会,还有城市提供的公共服务质量及生活保障。

当前,城市的主导产业正在从以化石能源为基础的传统制造业向以绿色能源为基础的现代装备制造业提升。同时,以"互联网+"为特征的现代产业和服务业快速发展,满足市民个性化需求的定制化服务应运而生,成为城市经济新的增长点。作为智慧城市的支撑体系,绿色低碳的能源、交通、市政基础设施和公共服务等都将得到提升。它们更加注重效率和运行过程中的实时反馈应变能力,充分体现智能化的特点和优势。城市建筑也将成为物联网的组成部分,可以根据用户需求随时调整运行状态,给人以更好的生活体验。[①]

第三,城市发展凸显公共服务。人类发展的本质是实现人的全面自由的发展,但是人的发展程度是由一个国家或区域的基本公共服务质量所决定的。公共服务是21世纪公共行政和政府改革的核心,它以人的需求转变而变化发展。从理论上讲,如若政府具有完整的信息,就能够完全掌握各类资源,实现资源合理配置和完善公共服务。在大数据发展尚未成熟,"互联网+"时代到来之前,这听起来像天方夜谭。但是,伴随大数据所带来的信息化风暴,新的变革已渗透到社会生活的各个领域,改变着我们的工作、生活,甚至思维方式,改变着城市建设的方向和政府的行为方式,给城市的现代化建设提供了新的思路,为公共服务的发展提供了新的契机。城市现代化建设应坚持以人为本,实现以人为核心的现代化。在信息化时代,社会进步将不再以技术和物质生活标准来衡量,而是以丰富多彩的文化来衡量,信息化社会鼓励人的个性化发展。这启示我们,城市现代化建设,首先要体现人在心理与行为上的现代化特征,积极实现人的自由而全面的发展。其次要实现人与人之间交往关系的现代化,在由现代科技支撑的现代化空间中,需要创建一个更加开放、更加宽容、更加公平、更加民主的社会氛围,在城市建设的各个方面体现对人自身的尊重,这样才能实现现代化城市的持续高效运转。换个角度来说,通过人本化、个性化的公共服务,改善城市居民的生存生产环境,从而进一步吸引高素质人才的加入,意味着将城市带入了持续发展的道路。这样一来,城市发展便进入一个良性循环,推动城市不断改善城市居民的生产生活环境。同时,这也成为城市吸引高素质人才的条件,从而使城市走向可持续发展的良性循环,推动城市空间环境实现品质提升,使城市成为宜居宜业的乐土。

大数据的降临、"互联网+"的快速普及与发展,使得城市的现代化建设正在从道德、文化、制度、产业等方方面面进行重构。数据对人类认知的冲击力是巨大的,人类大脑对数据感知十分敏感,用数据传递的信息更加准确有效,公共服务中曾面临的窘境在以大数据为基础的"互联网+"时代都显得微不足道。

城镇化是人类社会发展必然经历的过程,是现代化的必由之路。城市是我国各类资源和社会经济活动最为集中的地方,城市现代化是国家现代化的重要标志,是与工业化、信息化、农业现代化相辅相成的现代化建设的核心内容。大

① 参见袁昕:《我国城市现代化的主要发展趋向》,载2016年2月21日《人民日报》。

力推进城市现代化，可以充分发挥城市作为现代化建设“火车头”的辐射带动作用，加快从传统城镇化向新型城镇化的转变，切实提高新型城镇化水平，助推我国跨越“中等收入陷阱”，推动我国现代化建设迈上新台阶。

今天，我们又走到了历史的关口，在这个历史的节点，人类伟大的发明——互联网，它不只是IT技术和信息化的延伸，更是将人类推入一个更加伟大的时代——数字时代的“蒸汽机”。大量的数据互联互通以后，形成了人类历史上从未有过的全新世界——数字世界，以及一个全新的时代——“互联网+”时代。科学技术作为人类社会的基本推动力量，它推动了更多的链接、更多的选择、更有效的沟通。凯文·凯利认为，科技是生命的延伸，二者的共同需求是增加机会、提高效率、提高自发性、提高复杂性、提高多样性、提高专门化、提高普遍性、增加自由等。[①] 而数字世界的出现，让这种互联互通的发展进入了一个全新的时代。

在“互联网+”时代，数字世界进入实体世界，影响实体世界，在两个世界的交互关系中开始发挥主要作用。数字世界是一个能量化的世界，当其发展到一定程度之后，不仅会取代实体世界的原有作用，而且还会将实体世界映射到数字世界之中，实体世界将依据数字世界的规则进行改造。我们正处于“互联网+”时代，数字世界对实体世界的冲击是以往所未有的，为了更好地适应这个时期，也为了更好地体验它带给我们的便利，我们应积极抓住这个时机，将挑战变成机会，使其服务于我们的现实生活。这个融合并不会顺心顺意，尤其是我们现正处于一个产业转型升级的时期，国家的经济层面尤其是传统行业，将面临巨大的压力。在这个过程中，数字世界处于主导地位，传统的实体世界将被牵制，如何减少摩擦、协调发展，是实体世界和数字世界都应深思熟虑的问题。

---

① 参见[美]凯文·凯利:《科技想要什么》，熊祥译，中信出版社2011年版，第48页。

第八章

“互联网＋”语境下的教育建设

第一节　传统时代的教育困境

2005 年，钱学森先生针对中国教育向温家宝总理说了一段话：“现在中国没有完全发展起来，一个重要原因是没有一所大学能够按照培养科学技术发明创造人才的模式去办学，没有自己独特的创新的东西，老是‘冒’不出杰出人才。这是很大的问题。”[①]钱先生这段话很显然是一种质问——中国为什么连一所能培养人才的大学都办不出来？这一质问，有人称其为“钱学森之问”，也有人称其为对中国的“教育之问”。人们自然地将剑锋指向了我国的教育，认为“钱学森之问”是关于我国教育的发问，没有培养出创新型人才缘于我国教育本身存在的严重问题，我国教育体制的弊端和要害就在于僵化的教育限制了学生的创新思维。与西方现代教育相比，我们从幼儿园、小学、中学到大学，都没有按照培养科学技术发明创造人才的模式去办学。其实，培养学生的创造性思维，提高学生的综合素质，张扬学生的个性，诸如此类的理念、办学思路等，在每一个教育实践工作者和教育理论工作者的心中一定是明确的、毫无异议的。如此看来，问题的症结或者“钱学森之问”的关键，不是如何培养科学技术发明创造人才，也不是为什么我们的学校总是培养不出杰出人才，而是为什么不按照培养科学技术发明创造人才的模式去办学，这才是“钱学森之问”的核心。[②]

---

① 转引自杨吉华：《文化的创新》，人民日报出版社 2013 年版，第 309 页。

② 参见冉隆峰：《钱学森之问：对高等教育现实状态的拷问》，载《黑龙江高教研究》2012 年第 8 期。

传统教育不论从手段、内容还是指导思想和原则方面,都与现代教育存在很大的差异。万里同志曾说:"我国陈腐的教育思想和教学方法,可以说是一种封闭型的教育思想和教育方法。教育内容是固定的、僵化的,教育的任务就是灌输这些内容,不能稍加发挥,不能问个为什么,更不能怀疑,考试按固定的内容和格式照答就行,把学生引导到追求高分数上去。这种教育思想和教育方法培养出来的人才,只能是'唯书''唯上',必然缺乏创造性和进取精神。"[①]无独有偶,钱学森先生在其人生的最后一次系统讲话中特别提到的就是这个问题,他说:"今天我们办学,一定要有加州理工学院的那种科技创新精神,培养会动脑筋、具有非凡创造能力的人才。我回国这么多年,感到我国还没有一所这样的学校,都是些一般的,别人说过的才说,没说过的就不敢说,这样是培养不出顶尖人才的。我们国家应该解决这个问题。你是不是真正的创新,就看是不是敢于研究别人没有研究过的科学前沿问题,而不是别人已经说过的东西我们知道,没有说过的东西,我们就不知道。所谓优秀学生就是要有创新。没有创新,死记硬背,考试成绩再好也不是优秀学生。"[②]

教育的目的就是为社会不断输送各类人才,传统教学方式下,人才培养过程中的师生互动作为教育活动的基本特性,其互动的效果对于目的能否达成起着十分重要的作用。"从中国最早的教育家孔子提倡的'谈话法'、古希腊大思想家苏格拉底的'产婆术',到现代教育流派主要代表人物杜威的'设计教学法'、布鲁纳的'发现学习法'等,都主张在教育活动中师生应该密切互动,强调教师启发引导学生去寻找结论、获得知识、增长能力。"[③]

笔者曾对山东7所省级普通高校学生的师生关系进行抽样调查。调查范围是山东省济南市7所省属普通高校,调查对象为在校大学本科生,采取随机抽样调查方式和无记名调查方式。因此,所有选项的选择结果完整可靠。此次调查项目共计发放调查问卷350份,回收调查问卷321份,其中有效问卷为315份。

大学生在学校的大部分时间是在课堂、图书馆、讨论会、读书小组中与教师学习、讨论、交流和沟通度过的。这两个群体如果不能在这种常年的交流、沟通

① 万里:《在全国教育工作会议上的讲话》,载瞿葆奎主编、雷尧珠等选编:《教育学文集·中国教育改革》,人民教育出版社1991年版,第792页。

② 钱学森:《钱学森最后一次系统谈话:大学要有创新精神》,载《教书育人》2010年第1期。

③ 潘晓卉、郑家茂等:《研究型大学本科教育必须突出师生互动》,载《东南大学学报(哲学社会科学版)》2006年第2期。

和学习中为自己所生活的环境确立独特性和独立性，那这一系统就非常容易被外部系统侵蚀乃至吞没。这时，外部系统的理念就会理所当然成为大学系统的理念。处于成长成熟阶段、评判能力不是很强的大学生就很容易被外来意识形态或理念俘获。由此，大学教师对维护大学的独立、维护大学特有的精神气质、型塑大学生的社会认同观负有不可推卸的责任。但在问卷调查中，我们的结果却是有些让人失望的。在问卷中，我们有一个问题是询问大学生对大学中教师作用的看法，其问卷分析结果如表 8-1 所示。

表 8-1　　大学生对大学教师作用的看法

性别				对教师看法		总计
				很重要	基本无作用	
男	年级	一年级	样本数	9	31	40
			占比	22.5%	77.5%	100.0%
		二年级及以上	样本数	6	14	20
			占比	30.0%	70.0%	100.0%
	总计		样本数	15	45	60
			占比	25.0%	75.0%	100.0%
女	年级	一年级	样本数	18	44	62
			占比	29.0%	71.0%	100.0%
		二年级及以上	样本数	4	10	14
			占比	28.6%	71.4%	100.0%
	总计		样本数	22	54	76
			占比	28.9%	71.1%	100.0%

注：表中数据均为有效样本。

从 8-1 中我们看到，在男生中，认为教师的作用很重要的一年级大学生只有 22.5%，而认为基本没有作用的占 77.5%；在二年级以上学生中，这个比例分别为 30% 和 70%。在女生中的情况基本相同，一年级大学女生认为教师很重要的只有 29%，认为基本没发挥什么作用的占 71%；二年级以上的比例分别为 28.6% 和 71.4%。很显然，根据调查资料来看，在高校中，教师在很多学生心目中已经无足轻重。

作为一项调查研究，我们认为统计数据最能表明一种态度，同时说明一个问题。表 8-2 是我们针对大学生如何看待课堂教学的调查分析结果。其中，一年级的大学生认为课堂讲授是在浪费时间和应尽可能减少课堂讲授的比例高达 70.8%，二年级以上这一比例也是高达 45.5%。

从表 8-1 和表 8-2 我们可以清楚地看到，大学教师在学生心目中的地位不容乐观，而且对于他们讲授的课程，许多学生认为没有什么新东西，所以感到枯燥而持抵触和反感的态度。

表 8-2　　大学生对课堂教学的看法

<table>
<tr><th colspan="2" rowspan="2">年级</th><th rowspan="2"></th><th colspan="4">大学生对课堂教学的看法</th><th rowspan="2">总计</th></tr>
<tr><th>可以面对面交流，生动形象，应加大力度</th><th>浪费时间，应该取消或改成网络教学等方式</th><th>应尽可能减少课堂讲授，增加讨论和专题讲座</th><th>无所谓</th></tr>
<tr><td rowspan="4">年级</td><td rowspan="2">一年级</td><td>样本数</td><td>29</td><td>14</td><td>48</td><td>11</td><td>102</td></tr>
<tr><td>占比</td><td>28.4%</td><td>13.7%</td><td>47.1%</td><td>10.8%</td><td>100.0%</td></tr>
<tr><td rowspan="2">二年级及以上</td><td>样本数</td><td>16</td><td>6</td><td>9</td><td>2</td><td>33</td></tr>
<tr><td>占比</td><td>48.5%</td><td>18.2%</td><td>27.3%</td><td>6.1%</td><td>100.0%</td></tr>
<tr><td colspan="2" rowspan="2">总计</td><td>样本数</td><td>45</td><td>20</td><td>57</td><td>13</td><td>135</td></tr>
<tr><td>占比</td><td>33.3%</td><td>14.8%</td><td>42.2%</td><td>9.6%</td><td>100.0%</td></tr>
</table>

注：表中数据均为有效样本。

当今大学中，教师渐渐从传统的知识传授者与灌输者角色转变为学生的导师、意义建构的促进者、课程的开发者、合作者、信息资源的设计和查询者、学生的学术顾问、研究者和学习者等角色。教师的角色不再以信息的传播者、讲师或组织良好的知识体系的呈现者为主，其主要职能已从“教”转变为“导”——引导、指导、诱导、辅导和教导。诚如著名教育家杜威所说，教师是一个引导者，他掌握着舵，学生用力把船划向前方。[①] 针对大学生认为教师需要改进的地方的调查结果如表 8-3 所示。

① 参见李和平等：《论信息时代与教育的变革》，载《外国教育研究》2005 第 11 期。

表 8-3　　大学生认为教师需要改进的地方

	样本数	占比	累计占比
应加强与学生交流和谈心	49	36.6%	
应加强课堂讲授力度	17	12.7%	49.3%
应注意对学生学习方法和态度的指引	53	39.6%	88.8%
应加强自身文化道德素质的修养	15	11.2%	100.0%
总计	134	100.0%	

注:表中数据均为有效样本。

从表 8-3 中我们可以看出,希望教师能加强与自己的交流和谈心、对自己的学习态度和方法给予指导的学生占比为 75%。新时期大学生对教师的“呼唤”,表明大学教师自身对大学生认同没有起到应有的作用。

以上数据表明,新时代的学生独立学习的意识明显增强,他们对灌输性的教学方式采取了一种“不合作”的抵抗方式。这导致大学中最主要的关系——教师和学生的关系出现了分离和断裂,教师在教育中发挥的作用不断下降。同时,传统保守的教学方式导致教学内容更新换代非常慢,而且很多教师对自己教授的内容也没有更新换代的动力。然而,学生每天都在接触互联网上的海量信息,课堂上的每一个公式、定理、概念乃至历史故事他们都能在很短的时间内通过网络获取到,这进一步降低了学生对教师乃至学校的依赖程度。由此,互联网教育成为新时代教育的新潮。

第二节　互联网时代的教育腾飞

一、互联网时代的教育转型

现代互联网成为一个巨大的知识容器,其几乎无所不包的海量知识和信息、简单易行的检索方法,使人们可以极其便利地检索到各种所需的知识和信息。随着影音技术、宽带通信技术和手段的发展,各种以音视频为主要载体的网上课程层出不穷,使得互联网在很多功能上超出了传统图书馆。互联网逐渐成为一个不需要学生证和图书证,没有身份、年龄、时间限制,并且聚集了顶级教师的大课堂。随着信息技术的发展,互联网不仅发展成为一种有效的学习工具，也成为新知识生产、转化、储存、学习的新方式，它甚至发展成了一种全新的教育形态和机制。

近几年来，我国教育现代化程度越来越高，这得益于我国教育在信息化领域取得的巨大成就。按照国家“十二五”规划的要求，要在“十二五”期间基本完成全国中小学互联网的接入，基本实现每个学校至少拥有一套多媒体教学设备；基本实现各级各类学习互联网全覆盖，拥有网络教学和学习环境。[①] 随着中国经济的快速发展，社会有更多资源投入到教育中，互联网教育得到了政府和企业的青睐。截至2015年，我国从事在线教育的企业数量为2400～2500家，专门从事在线教育的人员为8万～10万人，拥有数10万门在线教育课程，用户达到了近亿人次。2014年，中国在线教育投资规模中，政府、院校所占的比例不到1/3，与此对应，一些知名企业开始进军在线教育行业。2015年3月5日，学大教育与奇虎360公司展开了战略合作，二者合作的重点聚焦于在线教育领域。网易公司也在几年前对大众开放了网易公开课、网易云课堂和有道词典；阿里巴巴推出“淘宝同学”的同时，还对vipabc(一家提供真人外教实时互动视频的英语学习平台)进行了投资；百度掌门人李彦宏也在公众场合多次强调对互联网教育的战略投资，在完成对其他公司投资的同时，在内部推出了“百度教育”。

互联网教育的本质是为有效实施教学和学习活动，师生在网络和技术的支持下，在师生分离状态下实行的一种新型教育形式。MOOC、智慧教育、翻转课堂等模式都是其中的一部分。MOOC(汉语翻译成“慕课”)是大型开放式在线网络课程平台，是纯粹建立在互联网基础上的在线教育平台。它和传统课堂相比，具有这样几点优势：一是其不受学习时间的限制，学习者可以随时学习，这样为那些平时忙于工作、下班想继续学习深造的人提供了非常便捷的平台。二是其在线学习者数量无上限，这样就克服了课堂的资源有限性和空间限制。三是很多慕课课程是免费对学习者开放的，并且一些课程可以通过邮件作业与课程老师互动。四是慕课强调阶段性教育与终身教育的结合，在完成一个阶段的学习后，学习者会得到慕课课程系统确认的学历证书，并且这些证书在海外已经得到了认可。五是从慕课提供的课程来看，世界顶尖的学校、教学名师、精品课程全部聚集在内。六是学习过程操作简单易行，只要轻点鼠标，三步即可实

① 参见杨小敏：《重大教育决策过程中的网络舆情——基于〈纲要〉二次征求意见期间新闻门户网站Web文本的分析》，载《复旦教育论坛》2011年第6期。

现免费学习:登录一个慕课网站、注册、选择你喜欢的课程。与传统的在线课程不同,慕课课程的授课时长一般为十分钟,甚至更少,课程中会穿插一些小问题,只有答对问题才能继续听课。慕课为在线教育创建了新规则,变革了原有的教学结构和模式,创新了教学方式,冲击了高等教育的百年历史,倒逼其实现转型。

二、互联网下的教育机遇

互联网教育的发展不仅让教师从课堂教学中解放出来,而且也关注了学生的个性发展,让他们根据自己的喜好通过互联网选择自己喜欢的知识开展学习。另外,互联网作为一个平台,公平地对每一个学习者开放。由此,通过互联网技术的提升,教育公平以及教育资源分配不公的问题有望迎刃而解。

(一)优化教育资源配置,促进教育更加公平

教育资源配置是指各种教育资源,包括人力、财力、物力、时空、信息、文化、权力、制度、政策、关系等,在各种不同的使用方向之间的分配,以期投入的教育资源能够得到充分有效的使用。① 既然有这么多要素的介入,那么导致教育不公平的因子很显然也随之增多了。“互联网＋”下的教育可以使具有多因素影响、呈现为不完整状态的教育资源配置达到最大优化和公开化,提升教育资源的共享程度,促进教育公平。

通过互联网,一位优秀老师可以服务成千上万个学生,而学生只需要一个移动终端连接到互联网,就可以随意挑选心仪的授课教师。从这一方面来看,“互联网＋”可以通过互联网平台,将已有的优质教育资源的价值和作用发挥到最大化。另外,互联网不受时间、行业、地区的影响。通过网络平台进行资源的流动与共享,不仅可以丰富资源的内容,减少资源的低水平建设,还可以缩小甚至消除传统上因地域、时空和师资力量差异所导致的教育资源上的不均衡,让人们以平等的身份享受同等质量的优质资源。

(二)尊重学生个体差异,满足学生个性化需求

通过教育彰显受教育者的个性,既是教育要达成的目标,也是在线教育未来的趋势。互联网从很大程度上打破了不关注个性的流水线式传统教育模式,让教育以学习者为中心,满足学习者的个性化需求,通过促进学生个性化学习

---

① 参见李宜江:《义务教育均衡发展的法律保障研究》,安徽师范大学出版社 2013 年版,第 42 页。

体验培养他们独特的世界观和审美，让他们形成自己的判断，成为教育自我成就的主体。网络灵活的方式排除了权威的刻板和僵化性，让学习者可以通过翻转课堂，根据自身的情况安排自己的学习计划和进度。在学习的过程中，遇到不懂的可以反复观看互联网的讲解。而且，慕课还能够根据学习者的实际情况来推荐合适的课程，从而真正做到了因材施教。

经过三十多年的发展，我国教育信息化经过构建、应用，现已基本完成。目前，多数学校都在进行业务整合，向信息化融合、创新方向发展，努力将教育信息化由粗放型向集约型转变。[①] 从"数字校园"到"智慧校园"的建设，我国已经开始了将云计算、大数据、物联网与教育结合的探索和实践，为"互联网＋教育"发展奠定了基石。"互联网＋教育"是以"云＋网＋端"为新基础设施，以数据、信息资源为主要要素，基于实时协同的分工网络，在教育领域优化、集成资源配置，使其全方位融合于教育之中。其仍然是利用新一代信息技术，站在融合、协同的角度，以学习、创新为目标，以应用为核心，融合了教、学、科研、管理、生活等教育核心业务。

第三节 "互联网＋"下教育的科学化建设

随着网络技术的发展，中国将出现一种信息技术与课程整合的模式(Integrating IT into the Curriculum，IITC)，它把信息技术、信息资源、信息方法、人力资源和课程内容有机结合起来，融汇了教材多媒体化、资源全球化、教学个性化、学习自主化、活动合作化、管理自动化、环境虚拟化等多种教学理念。其主要特征是不仅将以计算机为核心的信息技术用于辅助教或辅助学，而且更强调要利用信息技术创建理想的学习环境、全新的学习方式与教学方式，从而彻底改变传统的教学结构与教学模式，真正实现教学的深化改革，达到培养创新人才的目标。

信息技术的网络特性更有利于实现学生的协作式学习，学生可以通过网络与同伴、专家及其他读者合作，发布作品并进行交流；还可以建立个人主页或小集体主页，创设个性化的学习讨论平台，构建以学生为主体、教师为主导的教学结构以及课程整合的教学模式。教师应为学生创建恰当的学习情境，并提供必

① 参见张文德：《教育信息化由粗放型向集约型转变》，载《中国教育网络》2015年第1期。

要的帮助信息。以计算机和网络为核心的信息技术是促进学生自主学习的认知工具、情感激励工具和丰富教学环境的创设工具，应当将这些工具全面应用到学科教学过程中，使各种教学资源、各个教学要素和教学环节整理、组合、相互融合。①

“互联网＋教育”是教育的在线化、数据化、可视化、自主化、个性化。教育资源无所不在，学生可以按需动态索取，教与学的模式发生变革，泛在学习、互动学习成为主流，教育管理数据化、可视化、智能化，使决策更精准、科学。“互联网＋教育”是教育信息化视角的转变。校园是教育的载体，数字校园和智慧校园是站在校园的角度实现校园业务数字化、信息化、智慧化。“互联网＋教育”是站在互联网的视角构建教育、运行教育，弱化了校园，强化了教育的本质，也就是互联网校园化。这个视角的转变有助于教育和互联网的高度融合。“互联网＋教育”是一个整体协同的模式，要求教育信息化融合、协同发展。一方面要做到资源的共享、系统的集成、系统与业务的高度融合；另一方面要实现信息化建设与师生、物、组织、管理等的协同。

一、通过“互联网＋”促成教育去行政化和结构调整

教育系统内部涉及四部分人员：教育局（厅）内部的教育管理人员、学校的行政管理人员、教师和学生。这四类人员谁来主导教育的问题一直在我国没有很好地解决，很大程度上，这也是“钱学森之问”中所涉及问题的一个重要症结。互联网的发展不仅把课堂，而且把整个教育都搬到了网络上。学生作为学习者，几乎可以掌控一切，其他都是在围绕他们进行。这样一来，中国教育行政化的困局在互联网教学上就被破解了。因为学生直接面对着互联网平台，四部分人员中的其他三部分都不再那么重要，这样就使得教育自然“去行政化”，成为一种扁平结构。传统的教育模式是基于实体学校的，但在互联网甚至“互联网＋”时代，云端学校、移动学校等虚拟学校如雨后春笋般出现，尤其是慕课的蓬勃发展对传统的教育模式构成强大冲击，一批教育教学质量差的高等教育实体学校面临着严峻的生存危机。

二、通过“互联网＋”切实推进网络知识学习

目前，中国的网络基础设施建设是非常好的，特别是在一些教育集中的大

① 参见罗燕：《基于信息技术的三种教学模式》，载《高教探索》2006年第2期。

中城市，互联网基本实现了全覆盖，教育系统的学生进行网络自我学习的条件已基本具备。但是，根据笔者对10000多名大学生进行的随机调查（本次调查在10000多名三年级以下高校学生中随机发放150份问卷，回收有效问卷136份，问卷内容主要是网络信息对大学生学习方式的影响），结果发现，调查对象的上网率非常高，但通过上网学习专业或学科知识的比例却相对较低。针对大学与中学学习方式的调查结果如表8-4所示。

表8-4　大学与中学的学习方式相比

	样本数	占比	累计占比
没有变化	1	0.7%	0.7%
有一些变化	43	31.6%	32.4%
变化很大	72	52.9%	85.3%
根本不同	20	14.7%	100.0%
总计	136	100.0%	

注：表中数据均为有效样本。

从表8-4中我们看到，认为学习方式发生了变化的大学生人数占到了99%以上，认为变化很大的比例达67%。这意味着从大学生自身认知角度可以肯定地说，他们认为自己的学习方式发生了很大的变化。在以往的研究中，人们很自然地把这种变化与网络信息更经常、更广泛的运用联系起来。事实是否是这样呢？这个问题或许从表8-5中不难得出部分答案。

表8-5　在大学获取知识的途径

	样本数	占比	累计占比
与同学交流	11	8.1%	8.1%
课本和课堂讲授	74	54.8%	63.0%
互联网学习	10	7.4%	70.4%
自学	37	27.4%	97.8%
其他	3	2.2%	100.0%
总计	135	100.0%	

注：表中数据均为有效样本。

从表8-5中可以看出，当被问及在大学中获取知识的途径时，有54.8%的大学生认为自己的知识主要来自教材和课堂讲授，有27.4%的大学生认为大学生知识的获取主要靠自学，而只有 7.4％的大学生把网络信息获取作为自己知识的主要来源。这与我们从表 8-4 中得出的推断“网络信息引发大学生学习方式变革，而大学生学习变革的实现必然依赖于网络信息”显然有很大出入。针对接触互联网的时间与上网目的的调查结果如表 8-6 所示。

表 8-6　　接触互联网的时间与上网目的

			上网目的		总计
			主要是学习	主要是娱乐	
接触互联网的时间	初中阶段	样本数	35	4	39
		占比	89.7％	10.3％	100.0％
	高中阶段	样本数	40	20	60
		占比	66.7％	33.3％	100.0％
	上大学以后	样本数	19	16	35
		占比	54.3％	45.7％	100.0％
	没有使用过	样本数	1	1	2
		占比	50.0％	50.0％	100.0％
总计		样本数	95	41	136
		占比	69.9％	30.1％	100.0％

注：表中数据均为有效样本。

从表 8-6 中我们可以看出，136 名被调查的在校大学生中，在高中以前就开始使用互联网的有 99 人，约占 73％；而只有不到 17％的大学生是在上大学之后才开始上网。另外，我们不难发现，在初中阶段开始上网的学生中，上网目的是为了学习的占 89.7％，为了娱乐的只占 10.3％；在高中阶段开始上网的学生中，为了娱乐而上网的学生比例上升到 33.3％；在大学阶段开始上网的学生中，有 45.7％的学生是为了娱乐。由此可以看出学生为了娱乐而上网的比例的攀升。

从调查中可以看到，在大学中，尽管互联网已经普及每一个学生，但是面对海量信息，与专业相关的知识往往不是最具吸引力的。在学习者自由选择的情况下，就涉及信息之间的竞争问题，如何让有用的专业知识信息成为首要的选项，仅仅靠建成良好的互联网平台是不够的，还必须对学生进行监督和引导。而在“互联网＋”的“去行政化”结构中，谁来承担这一监督、引导的指责呢？由此，“互联网＋”模式下，教育中最重要的关系——师生关系必须被重新科学设定。

一直以来，我国的大多数教师秉承传道、授业、解惑的传统理念，在教学中扮演知识“搬运工”的角色，满足于刻板地执行国家统一制定的教学目标、机械完成教学任务的状态。这种当一天老师教一天课的“教书匠”的思想使很多教师产生职业倦怠感，也造成了对教师人力资源的极大浪费。当然，更严重的后果是降低了效率，阻碍了学生的发展。

信息时代构造了崭新的教学图景，对传统的师生角色提出了转型的要求。同时，师生关系正在从本质上发生转变。由“教师讲学生听，教师管学生从”的关系转变成为师生互动、平等合作、共同发展的关系。师生之间应形成真正的“学习共同体”，让教师成为学生合作学习的同伴。这一方面需要教师走进学生的心灵世界，学会以学生的角度看问题，和学生一起去发现、探索知识，与学生一同分享学习过程本身的乐趣；另一方面也需要教师关注学生的个体差异，因材施教，促进每个学生的发展。

总之，“互联网＋”下的教育在教与学方面将充分利用“云课堂”“云教室”甚至“云教师”；“互联网＋”下的信息共享系统为教师乃至管理者提供了一个科研的平台；“互联网＋教育”下的管理将通过云平台管理系统，对资源信息、师生信息、运维信息等进行智能处理，在需要的时候对相关信息通过大数据进行挖掘、对比、分析、转化等操作，为教育管理提供资源配置、数据集成、信息管理、运行状态监控、教育质量监测等业务支持，实现教育智能决策、可视化管控、安全预警和远程督导。“互联网＋教育”下的校园生活将进一步走向智能化，学校将向“智能校园”转化。食堂的座位可能会被通过智能化设备预定；食堂的餐具可能都是保温的、智能的，如果需要的话，它会向你提供菜品的能量及营养成分。所有这一些都是“互联网＋”带来的，但作为一个信息化平台，它不可能为我们解决所有的问题，这一工具的使用者最终一定是身处教育系统的我们。因此，必须科学合理地安排好我们自己内部的结构关系，这样才能和“互联网＋”实现结构性的科学对接，才有可能让其发挥最大的效用。

第九章

"互联网＋"语境下的国家安全

第一节　传统时代的国家安全

一、国家安全的含义

（一）安全的含义

安全是人类生存、发展的前提，是人类最基本的需要之一，马斯洛在其需要层次理论中把安全需要视为仅次于生理需要的第二需要。追根溯源，在古代汉语中并没有"安全"一词，但是古代汉语中的"安"与"安全"这一概念的表达意义相似。比如，"无危则安，无缺则全"中的"安"是与"危"相对的，安代表安全，危则代表危险，安全意味着没有危险。

《现代汉语词典》对安全的解释是"没有危险；不受威胁；不出事故"[①]。在英语中，安全一词有两层含义：一是指一种客观状态，即没有威胁；二是指维护安全，即安全措施与安全机构。美国学者阿诺德·沃尔弗斯认为："安全在客观意义上，表明对所获得的价值不存在威胁，在主观的意义上，表明不存在这样的价值受到攻击的恐惧。"[②]学术界普遍认为安全是一种状态，包括客观和主观两个方面，是指客观上不存在威胁，主观上不存在恐惧。

安全本质上是主体的一种客观属性。首先，安全是一种客观属性。"没有

① 中国社会科学院语言研究所词典编辑室：《现代汉语词典》，商务印书馆2012年版，第466页。

② 转引自李少军：《国际政治学概论》，上海人民出版社2002年版，第150页。

危险，不受威胁”是一种客观存在的生存状态，反映了安全主体在一定的时间、地点和环境中所处的危险程度。其次，安全是主体的一种属性。任何属性都必须依附于一定的主体，安全依附的主体不同，其含义自然不同。当安全依附于人时，那么就是人的安全；当安全依附于国家时，那么便是国家安全。脱离安全主体单纯谈论安全问题，则没有任何意义。

（二）国家安全的含义

阿诺德·沃尔弗斯认为，安全是国际政治研究的“起点”与“落点”①，国家安全是国际关系理论研究的核心概念。国家安全伴随着国家的产生而产生，国家安全是国家主体与安全属性的统一。《周易·系辞下》中写道：“是故君子安而不忘危，存而不忘亡，治而不忘乱，是以身安而国家可保也。”其表达的就是“国家安全”这一概念。我国古代的“国家安全”概念与现代国家安全概念存在着本质的区别。现代意义上的“国家安全”概念起源于西方，最早出现在美国作家李普曼的《美国外交政策》一文中。二战后，国家安全在国际政治、国际关系中得到广泛运用，成为国际关系研究中的热点问题。

哈罗德·布朗认为：“国家安全是这样一种能力：保持国家的统一和领土完整，基于合理的条件维持它与世界其余部分的经济联系，防止外来力量打断它的特质、制度和统治，并且控制它的边界。”②我国 2015 年第十二届全国人民代表大会常务委员会第十五次会议通过的《中华人民共和国国家安全法》指出，国家安全是指国家政权、主权、统一和领土完整、人民福祉、经济社会可持续发展和国家其他重大利益相对处于没有危险和不受内外威胁的状态，以及保障持续安全状态的能力。目前，学术界普遍认为，国家安全是指一个国家处于没有危险、不受威胁的客观状态。

一个国家要保障其安全，既要保证没有外部危险，又要保证没有内部危险。国家的外部危险是指外部势力所造成的威胁，主要包括其他国家、国际组织的威胁和国内反对势力在外部形成的威胁，比如国内反叛者在国外从事的危害本国的活动。国内危险既可能是国内的动乱、暴乱、骚乱以及其他形式的隐患，也有可能是国民对国家主流意识形态、价值观认同的缺失。一个国家只有内部与外部都没有危险，才能实现真正安全。在一些情况下，国家内部危险可能决定

① 参见倪世雄：《当代西方国际关系理论》，复旦大学出版社 2009 年版，第 434 页。

② 转引自李少军：《国际政治概论》，上海人民出版社 2002 年版，第 148 页。

着国家的发展方向，比如20世纪80年代末的苏联。但在一些情况下，外部危险对国家安全的破坏起决定作用，比如2003年的伊拉克。

二、传统时代国家安全的内容

对于国家安全的内涵争议不大，基本可以确定。但其外延非常广，包括政治安全、军事安全、国民安全、领土安全、主权安全、经济安全、文化安全、社会安全、科技安全、能源安全、生态安全、信息安全等内容。传统时代的国家安全一般局限于政治安全和军事安全。

(一)国家政治安全

政治安全在国家安全中居于核心地位，国家的经济、文化、外交等各项事务都要为国家的政治安全服务。首先，政治安全关系国家的生死存亡。它主要维护国家的主权、政治制度和社会意识形态安全，在国际交往中维护国家的政治安全是国家的最基本价值追求。如果政治安全得不到保障，国家将面临覆灭的危险。20世纪90年代，苏联解体的主要原因是放弃了共产党的领导，国家的政治安全受到威胁。其次，政治安全是国家发展的前提和基础。生存与发展是国家追求的基本目标，而国家的发展必须有稳定的国际环境。营造稳定的国际环境必须保障国家的政治安全，如果一个国家政治上不安全，连生存问题都无法解决，发展更无从谈起。最后，政治安全是国家综合实力的重要组成部分。综合国力是国家所拥有的保障生存与发展的所有实力与潜力，包含政治、经济、文化、科技、军事等实力。但政治力在综合国力各组成要素中处于首要位置，如果没有完整的主权、稳定的政治局面，其他各方面的发展就会受到影响，国家的竞争力会被削弱。

政治安全是指国家的主权、政治制度和意识形态等不受他国威胁，主要包括主权安全、政治制度安全、意识形态安全三个方面。主权安全是国家政治安全的主旨，主权是一个国家独立处理内外事务的最高权力，国家只有拥有完整的主权才有可能谈论国家安全。政治制度安全是国家政治安全的表现，是指体现国家本质的政治制度不被破坏，政局稳定得以维系。现在，对于国家安全最大的威胁就是对一个国家政治制度的威胁。意识形态安全是国家政治安全的支柱，如果一个国家占主导地位的意识形态被动摇，那么将可能引发政治危机，国家的政治安全必会受到严重威胁。

(二)国家军事安全

孙子曰:“兵者,国之大事,死生之地,存亡之道,不可不察也。”[①]军事安全是保障国家安全的最有效的手段,是国家安全的根本保证。长期以来,军事安全作为国家安全的同义词被所有国家重视。虽然和平与发展是当今时代的主题,但是霸权主义、强权政治仍然是世界和平的最大威胁,军事手段仍然是解决国家间冲突的最有效的手段,军事安全直接关系一个国家的国际地位。拥有强大军事实力的国家可以在外交谈判、政治斡旋中占据优势,以最小的代价获取最大的利益。“弱国无外交”中的“弱”最主要是指军事实力的弱小,无法在国际交往中掌握话语权,无法争取与其他国家同等对话的机会。

英国学者巴瑞·布赞认为:“军事安全首先是关于国家的实际武装攻击能力与防御能力,同时包括彼此对对方能力与意图的认识。”[②]国家军事安全主要是指国家没有受到武装力量的威胁,主要表现为国家主权不受武力侵犯、领土不受外敌入侵、国家政权不被颠覆。一个国家军事上达到安全标准至少应该具备威慑与反威慑的能力和避免战争与打赢战争的能力,即一国不仅能通过自身的军事实力对他国形成威慑,使其不敢主动挑起事端,而且当本国面对威慑时能够进行反威慑,可以运用自己的军事实力避免战争,当战争避免不了时可以打赢战争。

三、传统时代国家安全的特点

传统时代国家安全的核心是军事安全,军事手段是维护国家安全最有效的手段。不管是冷兵器时代的农业社会,还是热兵器时代的工业社会,努力发展军事一直各国的共识和最主要的任务。国家始终面临战争的危险,变得比他国更强大是各国保证自身安全的唯一方法。两次世界大战的爆发就是交战方以自身军事实力为基础掠夺他国资源、瓜分世界的后果,强大的军事实力成为取胜的法宝。即使在和平与发展成为时代主题的今天,各国仍然注重提升自身的军事实力。

传统时代,国家安全强调自身的国家安全,即单边安全。国家坚信只有强大的军事实力才能保证自己不受侵害,因此它们只注重增强自身军事实力,追

---

① 孙武:《孙子兵法》,北京联合出版社2015年版,第5页。

② 转引自马平:《论军事安全与国家利益》,载《国防》2006年第4期。

求自身的绝对安全，不考虑给别国造成的威胁。现实主义者认为，世界始终处于无政府状态，没有国内社会维持公平正义的权力机构，而无政府状态下的国家安全只能依靠自助方式实现，容易陷入“安全困境”。因为任何一个国家实力的增强，都会招致其他国家的怀疑和担心。各国为了自保也会增强实力，进而导致国家之间陷入不断扩张军备和增强实力的恶性循环。

美国学者诺尔认为：“有史以来，征服领土的欲望一直是使用武力的最强烈的动因。”[①]武力威胁是国家安全面临的最大威胁，侵占他国领土、掠夺他国资源一直是各国增强自身实力、发动战争的最大动因。国家安全的首要目标是维护领土完整，只有领土完整，其他的国家利益才能得以维护。领土是国家赖以存在并在国际舞台上发挥作用的物质基础，领土不完整，生存、发展都是空话。

安全是国际关系研究的核心概念，其三大理论流派对如何维护安全都有涉及。现实主义流派认为，维护安全的方式主要有均势和威慑两种；自由主义流派则提出了民主和平、经济相互依赖和平、制度和平三种维护安全的方式；建构主义流派认为，建立集体认同是实现安全的唯一方式。尽管各学派提出了不同的保障安全方案，但所有的方案都不能否认军事力量的作用。“没有了军事上的安全，其他任何领域的安全都将丧失依托和前提。”[②]因此，武力、战争成为维护国家安全最便捷有效的方式，拥有强大军事实力的国家可以进行威慑、反威慑、避免战争，并在必要的时候赢得战争胜利以维护国家安全。

第二节　互联网时代的国家安全隐患

一般来说，战争是国家安全的最大威胁。但和平与发展是当今时代的主题，战争的威胁性正在下降，而网络恐怖主义、网络渗透、网络舆论、网络政治参与等正在成为互联网时代威胁国家安全的主要因素。

一、网络恐怖主义

（一）网络恐怖主义的含义

恐怖主义最早出现在18世纪法国大革命时期，指雅各宾派对反革命分子

---

① 转引自[美]基辛格：《选择的必要》，国际关系研究所编译室译，商务印书馆1972年版，第286页。

② 马维野：《全球化时代的国家安全》，湖北教育出版社2003年版，第122页。

的暴力镇压行动。它正式形成于第二次世界大战，是指“以非正常的暴力手段或者以暴力相威胁，造成恐怖效果，以达到某种政治或社会要求的行为”[①]。随着互联网的迅速发展，网络与恐怖主义相结合形成了网络恐怖主义。美国联邦调查局认为，网络恐怖主义是“一些非政府组织或秘密组织对信息、计算机系统、计算机程序和数据所进行的有预谋、含有政治动机的攻击，以造成严重的暴力侵害”[②]。美国国防部则认为，网络恐怖主义是“为了特定政治、宗教或其他目标，通过互联网技术和黑客手段对基础设施的攻击与破坏，以此制造恐慌和社会不稳定”[③]。可见，网络恐怖主义是非政府组织或个人为了某种政治目的，利用互联网有预谋地发动的暴力破坏行动。

（二）网络恐怖主义的主要形式

网络恐怖主义是网络与恐怖主义相结合的产物，它以网络作为攻击对象或工具发动恐怖攻击，是目前国家安全的致命威胁。网络恐怖主义主要有以下几种形式：

第一，目前国际社会对于网络的监管较少，监管缺失的网络为恐怖主义分子提供了最便捷的宣传途径。网络恐怖分子可以通过网络向网民传播恐怖主义赖以存在的种族主义、分离主义等思想，混淆网民的价值判断与价值选择。网络恐怖主义者还可以在网络发布枪杀人质的视频，在全球范围内制造恐怖气氛。

第二，恐怖主义组织可以通过多种方式招募成员，网络不可避免地成为招募成员的工具之一。恐怖主义组织可以通过网上论坛与普通网民进行交流，发展具有一定的恐怖主义倾向的民众或支持者加入其组织。由于网络社会缺乏监管，恐怖主义组织还可以伪造假身份诱骗他人加入组织。

第三，恐怖主义组织可以利用网络安全漏洞攻击国家的军事、经济等关乎国家发展的系统，使其瘫痪。恐怖主义组织还可以窃取国家重要的发展数据，加以篡改后向社会公布，引起社会恐慌。目前，世界上最大的恐怖主义组织“伊斯兰国”就有专门负责网络攻击的成员。

第四，金钱是恐怖主义的生命线，没有资金保障，恐怖主义就会成为无源之水。恐怖主义组织可以通过网络向其支持者募集资金；还可以通过攻击企业的

---

① 王慧媞、韩玉贵：《当代世界政治经济》，山东大学出版社 2008 年版，第 114 页。

② 张显龙：《全球视野下的中国信息安全战略》，清华大学出版社 2013 年版，第 458 页。

③ 张显龙：《全球视野下的中国信息安全战略》，清华大学出版社 2013 年版，第 458 页。

财务系统,将企业的资金转入自己账户,或者利用窃取的金融信息参与经济竞争,赚取大量资金。

(三)网络恐怖主义威胁国家安全

网络恐怖主义是恐怖主义的一种新形态,与传统恐怖主义相比,其危害程度更高,影响范围更广泛,严重威胁国家的政治、军事、经济和文化安全。

第一,网络恐怖主义威胁国家的政治安全。首先,网络恐怖分子可以通过网络传播不同的政见,推翻现有政府并扶植有利于自己的党派,威胁国家的政权稳定。其次,网络恐怖分子可以通过攻击政府网站,冒充政府发布虚假信息,制造政府与公民的矛盾,进而降低政府的公信力。

第二,网络恐怖主义威胁国家的军事安全。当今的战争主要是信息化战争,网络技术的发展成为军事安全的软肋。网络恐怖分子可以利用网络安全漏洞攻击国家的军事系统,发布虚假的指令,大到控制军事卫星,小到窃取国家的军事机密。

第三,网络恐怖主义威胁国家的经济安全。国家金融网一般是依赖网络建立的,网络恐怖分子可以侵入国家的金融系统,窃取、篡改经济数据。他们可以借助窃取的经济数据参与经济竞争,使大量财富外泄;还可以诱使政府根据被篡改的经济数据作出错误决策,阻碍国家经济发展。

第四,网络恐怖主义威胁国家的文化安全。言论自由是各国宪法赋予公民的基本权利,但其不是无限制的,需要受到法律法规的制约,而网民的网络言论自由缺乏监督。网络恐怖分子可以通过网络宣扬恐怖主义、分离主义、种族主义、复仇主义等思想,冲击国内主流文化,造成民众思想混乱,危害国家的文化安全。

二、网络渗透

“渗透”一词多作为物理、化学术语使用,抽象意义上的“渗透”在《现代汉语词典》中被解释为“一种事物或势力逐渐进入到其他方面”。目前,学术界关于网络渗透有两种比较权威的定义:一种是从技术方面定义网络渗透,认为它是一种攻击手段,是一种攻击技术;另一种是从安全的角度定义网络渗透,认为网络渗透是一种新的国家安全威胁,是一国利用网络向另一国输入价值观念、意识形态的过程。

网络渗透可以通过输出价值观念、诋毁国家制度、叫嚣网络自由等手段来达到和平演变他国的目的。价值观是一国软实力的重要组成部分,是各国维护其统治的思想基础。通过网络向他国输出本国的价值观,可以潜移默化地影响他国民众。一国可以借助他国的热点事件编造、传播谣言,诋毁他国现有制度。网络自由打破了思想、观念的边界,使得在技术上具有优势的国家可以不受约束地向弱国输入自己的价值观念。网络渗透是现代国家实行和平演变的新形式,是互联网时代国家安全的隐患之一,威胁着国家的政治安全和文化安全。

一方面,网络渗透威胁国家的政治安全。国家通过网络向其他国家输出本国的价值观念,影响他国代表未来的涉世未深的青少年,以削弱他国主流意识形态的影响,威胁国家的意识形态安全。国家可以利用互联网炒作他国发生的热点事件,通过发表大量的反动言论和培植大量的意见领袖,诋毁他国的政治制度,宣扬本国的政治制度,威胁国家的政治制度安全。

另一方面,网络渗透威胁国家的文化安全。国家通过网络向他国输出自己的价值观、文化,处于弱势地位的国家文化极易被他国文化同化,文化安全受到威胁。改革开放后,西方国家通过网络向我国输入其民主、自由、人权等价值观念,使得自由主义、个人主义、拜金主义等社会思潮在我国大行其道,与我国传统的集体主义、爱国主义等思潮激烈碰撞,引起思想文化领域的混乱,威胁了我国的文化安全。

三、网络政治参与

(一)网络政治参与的含义

政治参与是指公民通过一定的方式影响政府权力体系与重大政府决策的行为,包括投票、选举、集会、游行、示威等方式。网络政治参与是政治参与在互联网时代的新发展,主要是指网民通过网络影响政府决策的行为,包括通过网络向政府提出建议,就社会重大事项通过网络表达自己的见解和网络监督等行为。

网络政治参与是当前政治参与的新形式,与传统意义上的政治参与相比,网络政治参与明显具有自己的特性。首先,网络政治参与具有直接性。受地理环境、经济、政治体制等要素的制约,传统的政治参与大多采取的是间接式的方式,通过选举出的代表表达意愿,而网络的发展则为公民直接参与提供了可能。其次,网络政治参与具有便捷性。传统的政治参与受时间、地点等要素制约,成本较高,而网络政治参与只要拥有一台电脑,就可以摆脱时间、地点的限制,随时随地就国家事务、社会事务发表见解。最后，网络政治参与具有高效性，公民的意见、诉求可以快速传达至政府决策部门，比传统的政治参与更加高效。

（二）网络政治参与威胁国家安全

网络为公民的政治参与提供了新途径，网络政治参与是一把双刃剑。它可以提高公民的政治参与意识，促进公民政治社会化的实现。但由于网络政治参与体制机制的不完善，非理性政治参与和非法政治参与依然存在，挑战国家的原有政治体制，威胁国家安全。

互联网时代，任何网民都可以在网上浏览信息、表达观点。但是互联网上存在大量的虚假信息，如果网民缺乏足够的辨别、驾驭信息的能力，则容易人云亦云。非理性的政治参与有可能误导政府作出非科学的决策，冲击国家原有的政治参与体制，影响国家的政治制度安全。

网络的自由、开放等使政府对网络的监管非常薄弱，非法的政治参与在互联网上大行其道。非法政治参与不仅本身对政治体制、国家安定形成冲击，而且容易被他国利用。其他国家可以针对社会热点事件，在网络上假扮受害者或者知情者，召集其他共同受害者，抹黑政府，降低政府的公信力，削弱公民的政治认同，威胁国家的意识形态安全。

第三节 网络舆论

一、网络舆论的定义

网络舆论是近十几年出现的新兴事物。1999 年，中国驻南斯拉夫大使馆被轰炸，网络舆论开始在中国兴起，学术界也开始研究网络舆论。目前，学术界尚未就网络舆论形成一个比较统一的定义。

谭伟是中国最早研究网络舆论的学者，他认为：“网络舆论是在互联网上传播的、公众对某一焦点所表现出来的、有一定影响力的带倾向性的意见或言论。”[①]网络舆论作为社会舆论的一种新兴形式，已经成为影响政治稳定甚至国家安全的重要因素。

① 谭伟：《网络舆论的概念与特征》，载《湖南社会科学》2003 年第 5 期。

二、网络舆论威胁国家安全

网络舆论并不必然威胁国家安全，甚至它可以促进社会稳定和政治发展。但是缺乏监管、被人恶意利用的网络舆论却是互联网时代国家安全的一大隐患。它不仅作为外部因素威胁国家的政治制度安全和意识形态安全，而且可以作为内部因素影响国家的政治稳定，威胁国家的政治制度安全。

第一，网络舆论作为外部因素威胁国家的政治安全。在非互联网时代，政府可以通过对信息的筛选实现对社会舆论的有效控制，引导形成有利于政治制度稳定的环境。但在互联网时代，政府失去了对信息的绝对控制权，这就为其他国家和敌对势力利用网络发布虚假信息、散布反动言论创造了有利条件。针对我国现阶段存在的腐败、贫富差距、强制拆迁、暴力执法、医疗、环境等问题，西方某些国家雇佣网络写手，肆意污蔑、诋毁中国共产党和中国政府，宣扬西方的民主、自由等价值观，以期通过自己营造的网络舆论影响中国网民，进而影响中国的政治制度。近几年，中东、北非的政治变局中也可以看到欧美国家利用网络舆论影响政变国家的影子。

第二，网络舆论作为内部因素威胁国家的政治安全。国内的热点事件经过网络发酵会形成带有一定倾向性的网络舆论，但不法分子可以操控网络舆论的走向，激化政府与公民之间的矛盾，削弱政府的公信力，造成公民对政府的不信任，引起政治不稳定。而且，通过网络舆论威胁一国的国家安全也是通过引导、控制该国的国内网络舆论实现的。

第四节 “互联网+”下国家安全的管理

国家安全对于国家复兴和人的全面发展意义重大，虽然当代战争的威胁性下降，但加强国家安全管理仍然刻不容缓，可以从以下四个方面着手。

一、重视教育在国家安全管理中的作用

教育是民族振兴、社会进步的基石，教育水平是衡量国家发展潜力的重要指标。教育在国家安全管理中同样发挥着重要作用，是维护国家安全的基础。因此，要大力加强公民的国家安全教育、意识形态教育和素质教育，为国家安全管理培育高素质的人才。

首先，要加强国家安全教育。虽然和平与发展是当今时代的主题，但国家安全形势并不乐观，公民的国家安全教育缺失。有人缺乏必要的国家安全知识，极易被诱骗作出危害国家安全的行为；有人认识不到国家安全的重要性，肆意做出威胁国家安全的行为；有的人国家安全意识淡化，认为国家安全问题离我们很远。因此，要加强公民的国家安全教育，提高公民的国家安全意识，并使其在生活中自觉抵制危害国家安全的行为。

其次，要加强意识形态教育。国家安全问题往往是从意识形态领域开始的，意识形态教育对于国家安全的必要性不言而喻。目前，我国对于意识形态教育的重视程度不够，公民对于主流意识形态的认同感普遍偏低，容易受到各种外来思潮的影响。因此，应该加强对公民的主流意识形态教育，培养对于主流意识形态的认同感，增强公民对于本国发展的理论自信、道路自信、制度自信，进而增强抵御他国渗透的决心。

最后，要加强素质教育。素质教育与应试教育不同，重在培养公民的创新能力、实践能力。推进素质教育不仅可以为互联网技术的发展培养高素质人才，为国家互联网技术的发展提供人才保障，而且可以提高全民族素质，增强公民辨别网络上各种错误信息的能力。国际竞争本质上是人的竞争，只有发展教育，培养出优秀的人才，才能使国家处于不败之地。

二、大力发展互联网技术

科学技术是第一生产力，技术在互联网时代的国家安全管理中的重要性越来越突出。在技术上占优势的国家可以利用自己先进的技术垄断信息，掌握国际社会的话语权，向弱国输出自己的价值观念，监控他国领导人，威胁他国的国家安全。比如，美国利用在互联网技术上的优势威胁他国经济、信息等安全，借助网络自由的幌子干涉他国内政。国家必须加大资金投入力度，大力支持发展互联网技术，减少本国对技术强国的依赖，并保证可以依靠自身的技术对别国利用网络威胁自身国家安全的行为进行反击。

一方面，要加强互联网硬件的研发。加强顶层设计，协调各地区、各部门，加大人力、财力资源投入，整合全国各单位的高素质专家投入研发，建立重大技术研发奖励机制，使得国家摆脱对国外的技术依赖并最大可能地抢占技术制高点。

另一方面，要加强防火墙等软件的自主研发。网络存在安全漏洞不可避免,但是技术含量高的防火墙软件可以最大限度地保护网络系统不被攻击、涉及国家安全的信息不被泄露或不被他国任意篡改利用。只有自身具备较高的自主研发防火墙的能力,才能不受制于其他国家,真正减少别国利用技术霸权威胁国家安全的可能性。

三、加强对互联网的监管

保障国家安全必须加强对互联网的监管,而互联网的开放性等特征增加了国家对于互联网的监管难度。加强对互联网的监管,不仅要加强互联网的制度监管,而且要加强对网络舆论的疏导。

在制度监管方面,不仅应该改善立法,而且要加强监管体制建设。一方面,应紧跟互联网技术的新趋势,在立法方面及时跟进,及时制定具有较强针对性的新法,修改、废止不符合互联网要求的旧法。既要通过严厉的法律条款规范互联网活动,防患于未然,又要严格执法,对于互联网不法行为进行严厉打击。另一方面,应该建立充满活力、行之有效的监管体制。该监管体制不仅要涉及网络活动的各个环节,更要具有灵活性,可以根据实际发展情况及时调整相应监管措施,避免出现监控缺失的局面。

网络舆论是把双刃剑,容易被不法分子利用,制造不利于社会稳定、国家安全的舆论,因此政府要加强对网络舆论的引导。首先,应该改善政府信息公开服务。政府信息公开不能仅停留在口头上,应该将关系民生的重大问题主动向社会公示。尤其是重大灾害和社会事件发生时,政府应主动及时公开相关信息,避免不法分子或他国浑水摸鱼,抹黑政府。其次,政府部门应该努力创建政府、社会组织、公众共同参与的维护互联网环境的机制,引导全社会参与到对互联网的治理中,充分发挥人民群众的作用。最后,引导网络舆论必须注意方式方法,可以借鉴先进国家和地区引导网络舆论的手段,借助心理学相关知识,满足网民最基本的心理需求,在实践中摸索出适合本国国情的方式方法。

四、加强国际合作

互联网具有开放性,没有任何一个国家可以成为"网络孤岛"。随着网络技术的发展,网络犯罪水平的不断提高,网络的不安全系数逐渐增大。面对诸如网络恐怖主义等隐患,没有哪个国家可以置身事外,也没有哪个国家可以单独完成打击任务,必须各国共同行动。

第一，应该加强相关法律、条约的合作。目前的国际法在打击国际网络犯罪，尤其是网络恐怖主义方面存在空白。而有时一国受到另一国或其他势力的网络攻击时，必须借助其他国家才能对犯罪者进行惩罚。如果国家之间没有相应的引渡条约，犯罪分子就可以借助漏洞逃避惩罚。一方面，各国应该推动关于打击国际网络犯罪或者网络恐怖主义公约的出台，以国际法立法形式合作打击网络恐怖主义，保障国家安全；另一方面，应该在引渡条约中加入网络犯罪的条款，或者更多的国家之间签订引渡条约，避免犯罪者利用法律漏洞逃避惩罚。

第二，应该加强互联网相关技术的合作。网络恐怖主义主要依靠技术手段得以实施，只有拥有先进的互联网技术，才能有效打击网络恐怖主义。但是目前各国互联网技术发展水平参差不齐，各国应该加强技术合作，不仅要在研发方面合作，更应该加强先进互联网技术的共享，只有分享技术才能实现合作打击网络恐怖主义，实现双赢。

互联网改变了人类的生活方式，是人类发展史上的最伟大的发明之一。但是互联网的发展使国家安全面临更多的挑战，网络恐怖主义等国家安全隐患应运而生，人类面临的安全形势更加严峻。因此，国家一定要更加重视对于国家安全的管理，为国家的兴旺发达和人的全面发展提供良好的环境。

第十章

“互联网＋”语境下的意识形态建设

按照人类每个时期所使用的生产工具的不同，将人类社会发展的总历程划分为不同的历史阶段，如：石器时代、青铜时代、铁器时代、蒸汽时代、电气时代、信息时代等等。与之前各时代相比，信息时代最大的不同就在于信息传递方式的不同。信息时代以前的信息主要通过驿马、信鸽甚至是烽火等形式传递，导致信息传递过程非常慢，不能及时到达被传递人处；由于信息载体的物质性，以往的信息传递一次性传递量小，信息量的传递受限制，许多信息不能大批量、系统整体地传递……信息时代则不同，信息借助互联网、电话、电报等，以数字代码为载体，可以大批量、长距离的及时到达被传递人手中，而且即使传递的文件等信息途中丢失，也可以通过传递人存留的文件信息在短时间内重新发一份，不必为此大费周折。信息传递方式的不同阶段，一定程度上也是社会生产力的不同发展阶段。生产力发展程度不同，建立在生产力发展程度上的上层建筑也存在不同，意识形态就属于其中。一个社会的意识形态的建设是与这个社会的发展程度密切相关的。

意识形态作为上层建筑的一种，对生产力的进步和社会的向前发展具有重要作用。积极向上的好的意识形态，会对生产力进步和社会发展产生推动力，促使其向前发展；相反的，消极低沉的甚至坏的、错误的意识形态，不仅不能推动生产力和社会向前发展，还会对其的正常发展产生阻力，阻碍甚至摧毁其发展。

按照新中国成立以来我国社会发展的历史过程，可以将意识形态建设划分为三个时期：第一个时期是 1949 年 10 月新中国成立到 1978 年 11 月十一届三中全会，这是我国意识形态建设的传统时代；第二个时期是 1978 年 11 月十一届三中全会到2015年3月十二届全国人大三次会议，这是我国意识形态建设的互联网时代；第三个时期是2015年3月以后，以李克强总理在十二届全国人大第三次会议上提出“互联网+”为标志，这是我国意识形态建设的“互联网+”时代，也是我国意识形态建设的新时期。

要深入研究“互联网+”条件下的意识形态建设，不仅要对“互联网+”条件下意识形态建设的各方面环境进行分析考量，而且要对“互联网+”之前我国意识形态建设的理论与实践进行考察，以总结教训、吸取经验，更好地促进“互联网+”条件下的意识形态建设。

第一节　传统时代意识形态建设

新中国成立后到十一届三中全会之前，是我国意识形态建设的传统时代。新中国的成立开辟了中国历史的新纪元，也开辟了党在新中国进行意识形态建设的时期。

一、传统时代意识形态建设的历史背景

第一，国民经济恢复和社会主义制度的确立。新中国成立初期，国民经济面临着十分严峻的形势。“农业减产，工厂倒闭，交通梗阻，物资奇缺，物价飞涨，失业众多……工业布局极不合理……交通和通信设施极为落后……自然经济十分强固，商品经济极不发达，全国大部分地区处于封闭或半封闭状态。1949年中国人均国民收入只有27美元，相当于亚洲国家平均44美元的2/3”。[①]面对上述情况，党提出了进行土地改革和实现国民经济恢复的艰巨任务。在党和全国人民的共同努力下，到1952年下半年，这一任务基本完成。在土地改革和恢复国民经济的任务基本完成的情况下，1953年，党中央开始酝酿并提出第一个五年计划和社会主义过渡时期总路线，开始逐步地向社会主义转变。1953年6月，中共中央政治局会议上正式讨论并通过了社会主义过渡时期的总路线：“从中华人民共和国成立，到社会主义改造基本完成，这是一个过渡时期。党在这个过渡时期的总路线和总任务，是要在一个相当长的时期内，逐步实现国家的社会主义工业化，并逐步实现国家对农业、对手工业和对资本主义工商

① 何沁主编：《中华人民共和国史》，高等教育出版社2012年版，第40页。

业的社会主义改造。”[①]1956年年底，在党和全国人民的共同努力下，我国第一个五年计划的主要指标大部分提前并超额完成，生产资料私有制的社会主义改造也基本完成，标志着我国的社会主义制度基本确立。

第二，社会主义建设道路的开始及走偏。1956年，社会主义制度的确立标志着我国进入了全面建设社会主义的新的历史时期。《论十大关系》和《关于正确处理人民内部矛盾的问题》的发表，以及中共八大关于国内主要矛盾和主要任务以及社会主义建设路线方针、路线的确立，都为我国经济社会向正确方向发展奠定了基础。但是在社会主义建设方面，中国共产党还没有经验，原来适用于革命时期的方针、政策显然不能适用于社会主义建设事业。因此在这方面，年轻的中国共产党只能从已经有近四十年社会主义建设历史的苏联方面借鉴经验，甚至在一定程度上照抄苏联。毛泽东说过：“这在当时是完全必要的。”[②]对苏联的照抄、不实事求是地从我国实情出发，在一定程度上预示了我国社会主义建设道路的跑偏。

1956年是一个多事之秋。国内接连出现工人罢工请愿、大中小学生罢课请愿、农村人民哄闹退社等事件。国际方面也很不太平：苏共二十大批评斯大林、苏共二十大后社会主义阵营出现波兰事件和匈牙利事件等。国际国内两方面的动荡引起了以毛泽东为首的党中央领导人的高度重视，并对此进行了大量的研究工作。然而，年轻的中国共产党虽然在这期间也一定程度上提出了实事求是的方针、政策，采取了积极有效的措施促进经济社会的发展，但是从总体上还是没有将中国引导到正确的发展轨道上去。从1957年反右派斗争、1958年“大跃进”和人民公社化运动、1959年庐山会议和反右倾斗争，再到1966年开始的为期十年的“文化大革命”，国家社会长时期地非正常发展，导致国民经济发展举步维艰。政治制度被严重冲击，法制尊严被严重践踏，党的执政能力被严重削弱，民主集中制被严重破坏，文化、教育和科技事业遭到重创。

第三，中国共产党的号召力强，但执政经验薄弱。经过新民主主义革命，中国人民认识到只有中国共产党才能救中国，并且由于中国共产党带领人民推翻帝国主义、封建主义和官僚主义的压迫，建立了新中国，使中国人民真正成为国家的主人。因此，新中国成立后，中国共产党在全国人民心中的威望也大大地

① 中共中央文献研究室编：《建国以来重要文献选编》第4册，中央文献出版社1993年版，第700页。

② 《毛泽东文集》第8卷，人民出版社1999年版，第305页。

增长。1953～1956 年进行的生产资料私有制的社会主义改造，促使中国进入到社会主义社会，距离实现全人类解放的共产主义又前进了一步。这一改造的完成极大鼓舞了全国人民，也将共产党在人民群众中的威望又向上推进了一个层级。因此，1958 年党中央发动“大跃进”和人民公社化运动时，全国出现了一片大炼钢铁的“生机勃勃”的景象，也出现了后来“文化大革命”时期全国上下一片红的闹革命景象。

按照马克思历史唯物主义的观点来看，人民群众是社会财富的创造者，是历史向前发展的推动者。因此，一个政党要想将自己的政策主张应用到社会中，就必须使政策主张为人民群众所接受并付诸实践；而要想自己的政策主张被人民群众接受并付诸实践，政党就要加强对自己的宣传和推广。宣传与推广是否有效，要看政党的号召力在这一过程中是否增强。号召力的强弱对于一个政党来说，是衡量其是否具有强大力量的重要标准。从中国共产党在传统时代意识形态建设过程中几乎一呼百应的情况来看，党的人民力量是相当过硬的。但是，一个政党能否通过人民推进历史前进并不单单只看其过强过硬的政治号召力，更重要的还要看其政策主张的正确性，其带领人民制定的方针、政策是否顺应历史发展趋势。当政党政治号召力强而其政策主张缺乏科学性甚至错误的时候，造成的损失会更大。中国共产党诞生于革命年代，在艰辛的革命环境中成长，长期处在革命战争的环境中导致党整体的革命思维丰富，善于用革命眼观看问题；成为执政党时间短暂，缺乏足够的执政经验和建设思维。因此，社会主义改造完成后，国家面临着社会主义建设的艰巨任务，此时的共产党能否科学执政，其方针、政策是否科学合理对新中国的发展影响巨大。

二、传统时代意识形态建设的局限性

新中国的成立，尤其是 1956 年生产资料私有制的社会主义改造的完成，为中国共产党在拥有五千年文明的历史大国中进行社会主义意识形态建设奠定了基础。但由于这一时期的意识形态建设所处的历史背景限制，因此也有相当的历史局限性。

首先，传统意识形态建设的政治色彩浓厚。中国自古就是政治本位的国家，以儒学为正统的传统文化的政治倾向较为严重，强调“先国后家”“舍大家为小家”，要求人民无条件地为国家建设、社会发展奉献甚至牺牲。新中国成立后，尤其是社会主义改造完成后，社会制度、社会形态发生了根本的改变，以前意识形态建设的方式方法也应从随之进行转变。但是事实上，旧中国意识形态建设的方式方法并没有完全被抛弃，还在一定程度上被运用。传统意识形态在建设过程中，要求人民群众关心国家大事，关心民族发展命运，关心社会发展前途，将高度关注国家、民族和社会发展的重大问题作为公民的基本要求，这无可厚非。但是把国家、民族和社会发展的一切问题甚至是文化领域里无关阶级、无关政治的分歧都展现在公民面前，将思想、学术分歧、工作方式方法不一上升到两条战线、两个阶级的斗争的高度，还将其公之于世，就是极度的轻率与莽撞。

其次，传统意识形态建设的理想化明显。对理想的强调与宣扬，能够感染群众，激发群众斗志并为理想不竭奋斗，形成一股促进社会发展的强大力量。新中国成立后，我国虽然完成了恢复国民经济与改造生产资料私有制的任务，但是不可否认，当时我国的经济社会发展水平仍十分低弱。在当时的情况下，意识形态建设中对理想的积极宣扬可以团结全国各族人民，为建设更富有的社会主义而努力，这对进行社会主义建设是大有益处的，可以说意识形态建设可以突出理想，但不能过度理想化。传统意识形态建设的理想化主要表现有：第一，把马克思列宁主义、毛泽东思想教条化、片面化，不将其实事求是地与中国国情相结合，对其中的某一内容甚至某一句话教条地、片面地进行扭曲理解。把马克思主义理论成果神圣化，将其与世界上其他文明成果相对立，认为马克思主义理论成果是世界上最优秀、最科学的理论，凌驾于其他理论成果之上。第二，社会主义建设过程中主观与客观相脱离造成愿望与现实相冲突。对社会主义和共产主义片面理解，过分缩小社会主义与共产主义之间的差距，认为由社会主义过渡到共产主义仅有一步之遥。这导致八大二次会议上在制定第二个五年计划时确定“七年赶英十五年超美”的目标，以致出现了全国上下各行各业都“停车让路”，陷入了全民大炼钢铁的疯狂运动中。

最后，传统意识形态建设神化领袖人物，过度个人崇拜。马克思历史唯物主义认为，历史上的领袖人物在社会发展过程中，由于他所具备的知识比一般人丰富，思维比他人灵敏且缜密，看问题的角度与常人不同，因而他在历史发展过程中做出的贡献比别人要多。由于领袖人物在历史发展过程中具有独到的贡献，因而很容易使得普通民众对其过度迷信、过度崇拜。在这种情况下，英雄人物更要保持清醒头脑，不能被人民群众的崇拜所迷惑，从而走上主观的唯心主义道路。

第二节 互联网时代意识形态的挑战

意识形态建设主要是靠信息的存在和传播为基础的。传统时代意识形态中的信息传播,大部分是依靠传统的工具如报纸、杂志、广播、电视等进行的。互联网是一种全新的媒介,而且随着互联网的普及,这种媒介作为意识形态建设的工具所发挥的作用也越来越大、越来越重要。与传统意识形态建设的媒介相比,互联网作为新型媒介主要有以下三个方面的特点:第一,信息传递的开放性。互联网是一个动态的面对全球开放的信息交换系统,在信息传递过程中不受时间与空间限制。用迈克尔·沙利文·特雷纳的话说就是:“任何人都可以与任何国家、任何地方的那个人直接沟通,能够在全球范围内实现知识共享。”① 第二,信息互动便利。随着微博等网络交流平台被广泛运用,人们不仅可以在网上浏览信息,而且还可以积极主动地将自己所知道的信息及时发布到网络上,分享给其他网民,同时还可以收到来自世界各地网民的信息反馈。不同民族的人们可以通过互联网进行积极交流和互动,不再受时间与空间的限制。第三,信息内容多样性。互联网是一个大鱼缸,里面各色各样的信息都有,丰富多样但也良莠不齐。由于互联网的开放性,并不能保证出现在网上的信息都像登报的内容一样经过严格的审查,因此互联网在带来海量信息的同时,也需要网民在上网时具备一定的筛选能力。

互联网的出现使得意识形态建设面临着许多新的挑战,主要有以下几个方面:

第一,互联网的时空开放性对社会主义意识形态认同力的挑战。我国当前处于社会主义初级阶段,经济发展水平不高,经济成分和利益关系、分配方式和生活方式纷杂多样。尤其是改革开放以来,我国经济在高速发展的同时,产生了一系列的社会问题,如贫富差距拉大、环境污染严重、能源资源紧张等,这些社会问题的出现在一定程度上会影响到人民对社会主义核心价值观的认同,也必然会影响到意识形态建设的效果。再加上互联网的发展将世界连成一个整体,任何一个国家和民族都不可能完完全全地独立于世界经济、政治和文化之外。人们不必远行,坐在家中就可以洞悉天下大事,在互联网中可以了解世界

① [美]迈克尔·沙利文·特雷纳:《信息高速公路透视》,程时瑞等译,天津科技出版社1995年版,第191页。

各地的经济发展程度和人文风情等。有一部分人在网上看到西方发达国家发展过程中展现出的美好一面时，容易走入极端，将我国这些年的发展成果弃之不顾，而单单注视着发展过程不平衡的一面。他们甚至不考虑发达国家过去发展过程中同样也有过这些问题，而简单地认为西方发达国家比我国优越，继而认为西方发达资本主义国家的制度比我国优越。

第二，西方文化入侵对我国意识形态建设安全的挑战。由于20世纪90年代后的东欧巨变和苏联解体，导致世界上社会主义的力量被大大削弱，社会主义运动也一度陷入低谷。而与此同时，西方资本主义并没有出现原来所设想的经济崩溃和社会巨变；相反的，在一定时期内还呈现一派繁荣景象，在经济、政治、文化等方面相较于社会主义还有一定的优势。因此，互联网的出现在加强我国向西方发达国家学习先进的科学技术的同时，也导致西方文化通过互联网潜移默化地侵入我国意识形态建设领域。另外，西方一些敌对势力看到我国经济社会飞速发展时，不仅没有放松对我国的经济文化渗透，而且还变化方式和渠道，更为隐蔽、更加积极地对我国进行西化、分化。这在一定程度上对我国的意识形态建设提出了挑战。同时，互联网使得全球的信息交流更加密切和频繁，由于我国和西方发达国家在经济社会发展过程中存有一定的差距，难免导致人们出于对西方发达国家生活方式和思维习惯的盲目崇拜，而抛弃我国传统的优秀民族文化和民族风俗。当前，西方文化的入侵对我国传统文化的继承和发扬都形成了巨大的挑战。就目前来看，"我国网上信息内容流入和流出的比例悬殊，网上中文信息内容不到整个信息总量的10%，这就意味着我国大部分网上消费者，在大部分时间里在消费别国文化，只要上网，就只能消费由英语文化意识形态为主导解释的文化产品"①。

第三，信息内容多样性对我国意识形态建设效果的挑战。互联网时代，信息丰富多样，铺天盖地地在网上呈现出来，良莠不齐，真假难辨。互联网信息传递不同于以往传统时代的以纸电为载体，而是以电子编码为载体，可以在网上及时、高效、迅速地传播。任何人在任何时间都可以上网浏览信息、发布信息，但是信息在发布过程中，不再需要专门负责机构的审查和通过，因此信息的有效性、真实性就难以分辨。这使得人们在一定程度上不再需要通过国家有关部门了解消息，对其依赖性大大降低。所以，传统时代里对信息管控的权威部门

① 胡惠林：《中国国家文化安全报告》，山西人民出版社2005年版，第1页。

的重要性下降直接导致人们对国家机构崇拜的降低。另外，国家在进行意识形态建设过程中，由于人们获得信息的渠道多样，获得信息丰富，加上网络信息良莠不齐，因此人们不再单纯地从官方报道和解释进行思想改造，不会像过去那样单纯盲目地追随某一政策、主张。总之，互联网的发展导致政府主管意识形态建设部门对信息传播的把关力与控制力下降，也就直接导致意识形态建设的效果打折扣。

第三节 “互联网+”下主流意识形态建设

“互联网+”是一个全新的概念，最早可以追溯到2012年11月的第五届移动互联网博览会，会上易观国际董事长于扬首次提出了“互联网+”理念。2015年3月，十二届全国人大三次会议上，李克强总理在政府报告中首次提出了互联网+”行动计划。由此，“互联网+”开始广泛地为人们所熟知。在“互联网+”语境下进行意识形态建设，是一个全新的开始，但并不是说这一时期的意识形态建设是独立与以前各时代的，而是应该在借鉴以前经验的基础上加以突破。

一、“互联网+”前我国意识形态建设的经验

按照通俗的理解，可以将“互联网+”简单地看成是“互联网+各个传统行业”。因此，“互联网+”相比于互联网，有显著的六大特征，即跨界融合、创新驱动、重塑结构、尊重人性、开放生态和连接一切。虽然“互联网+”时代相比于互联网时期有许多的不同，但是在意识形态建设方面，仍然可以借鉴以往的经验。

第一，坚持和发展马克思主义不动摇。我国是社会主义国家，我们的执政党是以马克思主义为指导而建立和发展的党。因此，坚持和发展马克思主义是我国的立国之本、立党之基。不管是传统时代还是互联网时代，不论是社会主义改造还是社会主义建设，不论是改革开放以前还是改革开放以后，我们都不能抛弃马克思主义。“我们搞改革开放，把工作重心放在经济建设上，没有丢马克思，没有丢列宁，也没有丢毛泽东。老祖宗不能丢啊！”[①]同时，我们在坚持马克思主义的基础上，也要积极地发展马克思主义。马克思主义是一个动态的开

① 《邓小平文选》第3卷，人民出版社1993年版，第369页。

放的理论体系，不是静态一成不变的。如果马克思列宁主义不能够在实践中与时俱进、推陈出新，不能与实际相结合，就会失去生命力，就会枯萎。因此，我们应该在坚持马克思主义做指导的前提下，从我国所面临的具体实际出发，实事求是地研究我国经济社会发展过程中出现的一系列问题和情况，对马克思主义进行理论创新。

第二，坚持由共产党主导主流意识形态建设。新中国成立初期，我国面临着帝国主义的封锁和打击，而且国内还有封建主义思想、帝国主义思想以及非马克思主义思想的残留。因此，为了在百废待兴的国家进行改造和建设，我党尤其注重对群众进行马克思主义的宣传和教育，紧握意识形态建设的领导权。改革开放后，我们党仍然高举马克思主义的大旗，用中国特色社会主义理论体系武装党和人民，不断开辟着我国社会主义事业的新篇章。新中国成立以来尤其是改革开放以来我国取得的重大成就，离不开党始终主导我国意识形态建设从而铺垫而成的稳定局面。结合东欧和中亚社会主义国家的“颜色革命”，我们可以得出一个结论：坚定不移地走有中国特色的社会主义道路，除了要始终坚持共产党领导、坚持马克思列宁主义外，还要确保党始终掌握我国主流意识形态建设的主导权。

第三，意识形态建设方式的积极创新。随着我国经济社会的向前发展，再加上互联网的普及，人们的思想观念、思维方式都在发生变化，因此人们对意识形态建设方式多样性的要求也不断提高。如果单纯用以前简单的群众动员、正面宣讲等方式进行意识形态建设，难以满足人民群众的要求，预想的意识形态建设效果也难以达到。因此，在互联网时代，必须积极创新意识形态建设的方式方法。

二、“互联网＋”语境下我国主流意识形态建设的措施

意识形态建设对促进社会发展有着战略性、前瞻性、全局性的作用，意识形态建设工作做得好不好，关系到社会主义事业能否向前推进。因此，新时期、新形势下，我们应该努力研究意识形态建设的新措施，使其跟上时代发展的步伐并引导时代的发展。

首先，积极推进马克思主义中国化、时代化、大众化，确保马克思主义意识形态指导地位稳固有力。坚持马克思主义的主导地位是我国进行意识形态建设的基础。要想确保马克思主义在我国主导地位的稳固，就必须与时俱进地推

动马克思主义中国化、时代化与大众化。意识形态能否贴近现实,反映现实,正确解读现实,是意识形态是否具有强大力量的关键。马克思主义作为我国的指导思想,如果不能够与我国现实国情相结合,就不可能真正促进我国社会主义事业的蓬勃发展。当今世界科学技术突飞猛进,从而带动了社会发生剧烈变化,社会发展过程中出现的新情况、新问题,要求意识形态建设在这方面进行有力的研究和解释,如果不能随着时代变化而更新,就有可能被时代所淘汰。马克思主义唯物史观认为,人民群众是历史的创造者,是决定社会发展的最终力量。而理论要想变成力量,就必须变成人民群众手中的武器。所以,推进马克思主义大众化,让人民群众掌握马克思主义理论,是马克思主义稳固有力的坚强保证。因此,“互联网+”模式下,我国意识形态建设要注意积极推进马克思主义大众化,坚持意识形态建设贴近现实、贴近群众,以通俗易懂的、人民群众喜闻乐见的形式宣传马克思主义,不要用一系列官方的语言来枯燥乏味地宣讲,要从人民群众乐于接受的角度着手,在深入浅出的宣传过程中达到深入人心的效果。

其次,要坚持以人为本、服务人民的原则。我国宪法规定,中华人民共和国的一切权利都属于人民,人民是国家的主人。中国共产党的党章也明确规定,中国共产党的根本宗旨是全心全意为人民服务。因此,在我国进行主流意识形态建设,从根本上也要与宪法和党章精神一致,不能违背以人为本、为人民服务的根本原则,也就是要坚持习近平总书记所提出的人民性。习近平总书记指出,坚持人民性,就是要把实现好、维护好、发展好最广大人民根本利益作为出发点和落脚点,坚持以民为本、以人为本。要树立以人民为中心的工作导向,把服务群众同教育引导群众结合起来,把满足需求同提高素养结合起来,多宣传报道人民群众的伟大奋斗和火热生活,多宣传报道人民群众中涌现出来的先进典型和感人事迹,丰富人民精神世界,增强人民精神力量,满足人民精神需求。①

再次,继承和发扬民族优秀文化传统,积极推动中华文化走向世界。信息网络全球化势必导致各国各民族文化在全世界范围内发生碰撞,各国各民族的文化传统也都或多或少地会受到外来文化侵入的挑战。而在这一过程中,由于西方国家具有发达的经济基础和先进的经济技术,促使他们的思想文化在这一场思想搏击中就必然带有了一定的力量和优势,那么我国传统的民族文化在这

① 参见《坚持以人民为中心的工作导向——学习习近平总书记在党的新闻舆论工作座谈会上的重要讲话精神》,载 2016 年 3 月 21 日《学习时报》。

场搏击中就有被边缘化甚至被同质化的危险。因此,在我国进行意识形态建设的过程中,要始终注意继承和发扬民族优秀文化传统。一方面,我们应该认同本民族的优秀文化传统,肯定它所具有的文化价值,增强民族文化自信心。习近平总书记在庆祝中国共产党成立九十五周年大会上讲话指出,要坚持道路自信、理论自信、制度自信和文化自信,并指出文化自信是最基础、最广泛、最深厚的自信。[①] 文化自信能提供更基本、更深沉、更持久的力量,因此我们在新时期进行主流意识形态建设时更应该加强本国文化建设,增强民族文化自信。另一方面,我们要以现代人的思维和眼光重新审视传统文化,在借鉴、吸收西方优秀文化因素的基础上,运用马克思主义的立场、观点和方法,对我国传统文化批判性地进行继承和宣扬,使其与中国特色社会主义理论相一致。此外,我们要积极将中华文化推向世界,让其走出国门,走向世界。我国是世界上最大的社会主义国家,在面对西方发达国家对我国进行文化入侵、思想渗透的时候,我们不应只顾自保,而应该在继承发扬中华传统文化的基础上积极走向世界,加强同世界各国的文化交流,在文化传播与交流的过程中提高我国的国际影响力。

最后,积极推进依法治国,推进法治建设。主流意识形态与法治关系密切,不加强主流意识形态建设,法治建设就会苍白无力;不积极地进行法治建设,主流意识形态就有可能偏离方向。“文革”时期,我国法制遭到严重破坏,法制在国家发展过程中一度失去作用,由此导致了长达十年的动乱。因此,在进行主流意识形态建设过程中,要时刻注意与推进法治建设协同起来,在推进法治建设的过程中促进主流意识形态建设,在进行主流意识形态建设的过程中贯彻并促进法治建设。一方面,法治建设要置于主流意识形态建设下进行,要以马克思列宁主义、毛泽东思想及中国特色社会主义理论为指导,围绕中国经济社会发展过程中出现的新问题、新情况进行深入研究与创新,以促进中国社会稳定与可持续发展。另一方面,主流意识形态建设要融入法治建设,加强社会主义法治文化建设。“法治文化是指与法治紧密关联,体现着法治的精神和理念、原则和制度、运作实践和生活方式,与人治文化相对立而存在的进步文化形态,其实质和核心是一种现代人的法文化共识、价值取向和行为方式。”[②]因此,积极推进法治文化建设有助于形成人们的文化共识,增强主流意识形态建设的效果。

---

① 参见郑承军:《文化自信:更基本、更深沉、更持久的力量》,载2016年7月5日《深圳特区报》。

② 孙育玮:《中国特色社会主义法治文化的理论与实践,载《学习与探索》2014年第4期。

第十一章

“互联网＋”语境下党的执政能力建设

科学技术突飞猛进的今天，党的国家领导人更加重视互联网科技的影响力。在“互联网＋”时代，我们党的执政能力建设有机遇，也受到了前所未有的挑战：互联网政治对传统政治制度的挑战、互联网政治对党的思想文化和舆论宣传的挑战、互联网政治对党的政治信仰的挑战等。“互联网＋”时代，对于加强党的执政能力建设提出了五大艰巨任务：一是充分发挥互联网促进经济发展与改善宏观调控的作用，提高驾驭社会主义市场经济的能力。二是充分发挥互联网对促进人民当家做主和监督权利运行的作用，提高发展社会主义民主政治的能力。三是高度重视互联网对推动文化发展的作用，提高建设社会主义先进文化的能力。四是充分发挥互联网对解决人民群众贴身利益问题和维护社会稳定的作用，提高构建社会主义和谐社会的能力。五是高度重视互联网在国家信息基础设施体系中的重要地位和作用，提高维护国家信息安全的能力。应对互联网政治，加强党的执政能力建设的举措有：充分发挥互联网作用，提高党的执政能力建设；依托互联网，捍卫马克思主义意识形态的主体地位；正确合理引导互联网舆论走向；探求建立参政议政双向沟通平台，全民有序参与，构建和谐社会环境；健全和完善加强党的执政建设的各项制度。

20 世纪 90 年代起，网络的迅猛发展成为我国社会生活中引人注目的现象。当前，网络的发展已达到一定程度，对政治的影响力日益凸显，“网络政治”成为当下的热点研究话题。国内“互联网＋”概念的提出，最早可追溯到 2012 年 11 月，在第五届移动互联网博览会上，于扬首次提出“互联网＋”理念，他认为“互联网＋”公式应该是我们所在的行业的产品和服务与我们未来看到的多屏全网跨平台用户场景结合之后产生的一种化学公式。[①]“互联网＋”就是“互联网＋各个传统行业”，但这不是简单相加，而是利用信息通信技术以及互联网平台，让互联网与传统行业深度融合，创造新的发展常态。

2014 年 11 月，李克强总理出席首届互联网大会时指出，互联网是大众创业，大众创新的新工具。[②] 2015 年 3 月，在十二届全国人大三次会议上，李克强总理在政府工作报告中首次提出制定“互联网＋”行动计划。[③] 据统计，截至 2014 年年末，国内的政务微信公众账号在 6000 个左右；而到 2015 年，国内政务微博账号已达 24 万个，政务微信账号已逾 10 万个。2016 年 4 月 19 日，习近平总书记在京主持召开网络安全和信息化工作座谈会并发表重要讲话，再一次将网络安全和信息化工作提到了治国理政新思想、新理念、新战略的新高度。正如习近平总书记在多个场合多次强调的一样，互联网已经成为我党长期执政所要面对的“最大变量”，如果我们过不了互联网这一关，就过不了长期执政这一关。习近平总书记在网信工作座谈会上的重要讲话表明，党已经将发展互联网事业作为长期执政的重要课题，“党要管网”，党要建设好、利用好、管理好互联网。[④] 我们党已经深刻认识到，互联网彰显的社会力量已经深刻地改变了当代政治的运行模式，全方位地影响着当代政治的各个方面。

第一节　互联网时代党的执政能力建设的挑战

网络渗透到政党政治中，从一开始就显示出双刃剑效应，对政府的执政能力建设的积极作用和消极作用并存，机遇和挑战同在。一方面，网络为政党发布信息、加强和民众的互动交流、参加竞选开辟了新渠道，网络技术应用于党组织的建设，降低了运行成本，同时提高了工作效率。另一方面，网络带来信息泛滥、无序参与、各种意识形态相互冲撞、破坏传统政治制度等问题，对共产党的政治具有销蚀作用，对政党的认同度、马克思主义信仰以及政党的统一性等都带来了不利影响。因此，互联网在给中国共产党执政能力建设带来难得机遇的同时，也使其面临严峻的挑战。

---

① 参见《互联网＋》，http://www.ytools.cn/CN/news_details.aspx? JID=33，2015 年 6 月 23 日。

② 参见李克强：《互联网是大众创业、万众创新的新工具》，载 2014 年 11 月 21 日《大众日报》。

③ 参见李克强：《政府工作报告》，载 2015 年 3 月 17 日《人民日报》。

④ 参见邱明红：《使互联网成为党长期执政的坚强柱石》，http://opinion.china.com.cn/opinion_70_148770.html，2016 年 5 月 10 日。

一、“互联网+政治”对传统政治制度的挑战

互联网使得政治主体直接连接民主政治舞台，人们行使自己的民主权利，发表自己的政治观点，这是我们党执政过程中面临的新形势。同时，互联网的匿名性给用户创造了宽松、自由的环境。在这个相互交流、意见自由的虚拟网络中，人们不仅可以表达自己的利益诉求，也可以利用网络的便捷，在很短的时间内最大射程地将大多数人集合在一起，形成一个“民意”强大的中心。这类网络空间的自由开放、匿名性、虚拟和数字特征等弱化了网络道德意识，夸大了言论自由，不仅带来了广泛的宣传效果，也容易引发极端放纵的互联网宣传事件。究其原因，法律规范的困难是一方面，网络民主发展的混乱和无序则是另一方面。

互联网发展带来结构的分化、阶层的重组以及社会关系的变化。在传统的执政方式下，信息量是“倒金字塔”形，级别越高，掌握信息越充分；信息传递是“金字塔”形，通过开会、发文从高向低一层层传递。而互联网时代，信息传递是网状的、扁平的，人人都是自媒体、传话筒，网上民意汹涌。在此形势下，如果固守传统的执政方式而不求创新，很多的基层民情和社会态势就会被忽略，长久以往，必会加深社会的怨气，损坏党和政府的形象。正因如此，习近平总书记给党员干部们下达了“上网令”，要求要常上网看看，体民意，解民情。

二、“互联网+政治”对党的思想文化和舆论宣传的挑战

在我国，由于多数传统媒体民意表达不畅，遇到了权力争斗和各类阻碍，因而互联网政治中所反映的问题便容易形成网络舆论、公众舆论。在网络中，用户可以随意对紧急事件和社会事务发表意见。由此，网络民意就变成了政府及其公共权力监督的巨大压力。虽然网络政治促进了公民权利的发挥，但也间接暴露了一些领导干部处事能力和协调能力的薄弱。

一般来说，突发事件发生后，2 小时内网上就会出现文字或视频；6 小时左右就可能被多家网站转载；24 小时左右，网上跟帖民众发表言论就会达到高潮，形成社会热点。新媒体的新闻源头不可控，传播速度不可控，内容真假分散不可控，舆论容易放大等也不可控。在这种形势下，做宣传思想文化工作，如果对互联网、手机等新兴媒体不高度重视、不善于运用，就会陷入被动。

网络舆论是党的思想文化的重要组成部分，网络舆论对信息源的依赖较

小,处于快速发展和随时变化的状态,网络舆论能够前所未有地聚合和放大,且传播和扩散速度惊人。这些特性给我们党的执政能力建设带来巨大挑战,客观上就要求我们前瞻性、整体性、动态性、持续性地把国家和政府当作特殊的公共关系主体,把网民作为公共关系对象,通过以信息传播、舆论引导、交流沟通为主要内容的系统行为,使引导者与被引导者之间形成共同的核心价值和文化认同,改善舆论引导者形象,提升主流、正面舆论传播质量,建立良好的舆论环境。

三、"互联网+政治"对党的政治信仰的挑战

互联网政治导致各种社会关系的变化,使各种政治力量重组。首先是党员意识受到了极大的挑战。在网络时代,党员意识是一个复杂的想法和概念,原来的意识和政治哲学受到社会各方面言论的影响。如果党的政策不被很好地理解和接受,就很难有巨大的吸引力。其次,各类社会团体大量产生,每个公民每天接触大量的社会信息。共同的理念将使一部分人形成自己的利益团体和政治团体,这些团体和派别可能在网络上具有放大效应,形成具有很强社会性的声音,给党的执政能力和执政地位带来巨大的挑战。

在社会转型期,各种社会思潮在网络上的发酵形成的负面信息对党员干部的思想、观念、行为产生消极影响,使一些政治觉悟低的党员干部出现了信仰动摇、价值迷惘、道德失范、封建迷信等种种问题,产生了信奉个人主义、利己主义、功利主义的价值取向。在互联网上,党员接受的是纷繁复杂的思想和观念,原有的政治信仰和固有的观念在党员的大脑中进行着生存竞争和阵地角逐。在充分自由的网络意见表达环境下,党中央的意志一旦不为多数党员所理解,便很难再成为全党的旗帜。因此,在网络空间,多元意识形态相互冲击激荡的环境下,如何成功地应对这场"没有硝烟的战争",就需要对党的执政能力提出新的更高的要求。

第二节 "互联网+"时代提高党的执政能力建设的主要任务

加强党的执政能力建设的主要任务是:按照推动社会主义物质文明、政治文明、精神文明协调发展的要求,不断提高驾驭社会主义市场经济的能力、发展社会主义民主政治的能力、建设社会主义先进文化的能力、构建社会主义和谐

社会的能力、应对国际局势和处理国际事务的能力。众所周知，执政的一切出发点和落脚点都是为了人民的利益。因此，要坚持用以人为本的思想，从根本上改善与民众的关系。历史和现实证明，一个执政党执政能力的高低，很大程度上取决于其能否支配和利用好代表先进生产力水平和发展水平的现代媒介工具。把改善民生作为落实科学发展观、解决网络舆情、促进社会和谐的重中之重，是党的根本宗旨和新时期党的执政能力建设的落脚点。

第一，充分发挥互联网促进经济发展与改善宏观调控的作用，提高驾驭社会主义市场经济的能力。互联网既有媒体属性，又有商业属性。互联网经济既是科技经济，又是创新经济，还是绿色经济，要通过互联网提高经济发展的科技含量，不断增强我国国民经济的整体素质和国际竞争力。习近平总书记强调，我国经济发展进入新常态，新常态要有新动力，互联网在这方面可以大有作为。要着力推动互联网和实体经济深度融合发展，以信息流带动技术流、资金流、人才流、物资流，促进资源配置优化，促进全要素生产率提升，为推动创新发展、转变经济发展方式、调整经济结构发挥积极作用。①

第二，充分发挥互联网对促进人民当家做主和监督权利运行的作用，提高发展社会主义民主政治的能力。互联网对中国民主政治的促进作用是无比巨大的。网民通过网络参政议政，实际上是行使民主权利。所谓互联网政治，其性质就是民主政治，这是在高科技基础上，借助互联网推进民主政治发展的一种新方式和新途径。可以说，我国互联网政治的发展是中国社会主义民主形式日益丰富、民主政治不断发展的新表现。

截至 2015 年年底，我国已经拥有 7 亿多网民，这是了不起的数字，也是了不起的成就。互联网的运用提高了民众的言论自由、社会公平、社会平等和政务公开，为新时代社会主义民主政治的发展提供了新的方式和途径。政党对大众传媒特别是互联网的使用，使得政党与民众的联系不再是单向度的，而是双向互动关系。民众可以直接在网络上与政府领导进行对话、交流、沟通，对政府政策发表意见和建议，表达自己的利益诉求，实现对政府的监督。而且，政府官员对民众意见作出回复和解释，更有利于增加党和民众之间的理解支持，拉近了与民众的关系。在与民众的互动中，党要重视青年群体。青年是使用网络的主体，政党可以在网络上多开通针对青年人的栏目板块，通过提出青年感兴趣

① 参见习近平:《经济新常态要有新动力 互联网大有作为》，http://www.chinanews.com/gn/2016/04-20/7840769.shtml，2016 年 4 月 20 日。

的话题，影响他们的政治态度，激发青年人的政治热情，并倾听他们的政治意见和建议，接受青年网民的政治监督，为党的发展积蓄社会力量。当然，政党与民众的互动联系不应局限在网络上，在现实生活中，政党更要深入群众，加强与民众的联系，保证人民的当家做主。群众在哪里，我们的领导干部就要到哪里去。各级党政机关和领导干部要学会通过网络走群众路线，经常上网看看，了解群众所思所愿。

第三，高度重视互联网对推动文化发展的作用，提高建设社会主义先进文化的能力。政府的信息传播，无论是采用传统媒体还是网络媒体方式，其最根本的目的是通过相关信息的传播，“推销”自己的价值观念，影响公众的态度行为，使其树立符合国家与政府利益的世界观、人生观和价值观，维护政府的统治，推动社会的发展进步。中国政府利用先进的网络技术优势，不仅塑造了全新的政府文化，丰富了其内涵，而且全面展现了政府的文化价值观念，通过多种方式增强政府文化的“软实力”，抵抗网络文化霸权和各类消极影响。中国政府网络信息的传播充分揭示了我国政府文化中倡导的公开、公平、公正与高效、服务、廉洁的价值理念，并向世界展示了中国政府的阳光和责任，是真正的服务型政府。

西方文化掌握着网络文化的话语权，这是网络文化霸权的核心区域。网络文化霸权的产生除了源于发达国家的技术优势和信息控制外，与美国等国家的殖民意识对其他民族文化的侵染和渗透也有着直接关系。伴随着全球化发展与互联网的普及，美国的文化价值风行，这已经逐渐成为消解其他国家的殖民工具。中国的各级政府也应该充分利用现代信息传播工具，发动民众，将他们从“旁观者”变为“参与者”。政府网络信息传播正是中国对抗网络文化霸权的一种积极作为，能够防止民众成为被动的信息接收体。我们党和广大网民应共同努力抵制外国文化的侵蚀，坚持自己独有的中国特色传统文化，共同建设科学的、大众的、民主的社会主义先进文化。

第四，充分发挥互联网对解决人民群众贴身利益问题和维护社会稳定的作用，提高构建社会主义和谐社会的能力。网信事业要发展，必须贯彻以人民为中心的发展思想。要适应人民期待和需求，加快信息化服务普及，降低应用成本，为老百姓提供用得上、用得起、用得好的信息服务，让亿万人民在共享互联网发展成果上有更多获得感。因此，党和政府要大力推进网络强国建设，让互联网更好地造福国家和人民。

亨廷顿提出:“政治制度/政治参与＝社会稳定。”①在网络时代,民众政治参与的广度和深度都在拓展,分母扩大了,作为分子的政治制度,也就是执政党建设必须及时调整,这样才能保持社会的和谐与稳定。对于广泛存在的社会热点问题,如医疗、社保、老年人养老、年轻人就业、公众住房、儿童上学难、人民居住环境问题等,都是关乎民生、关乎群众贴身利益的现实问题,党和政府要高度关注,了解民众最迫切的需求,及时提出最合适的解决方案,将民众生活压力降到最低。只有社会现实问题得到妥善解决,人民的幸福指数才会提升,社会才能更加稳定和谐。

第五,高度重视互联网在国家信息基础设施体系中的重要地位和作用,提高维护国家信息安全的能力。网络安全的本质在对抗,对抗的本质在攻防两端的能力较量。面对复杂严峻的网络安全形势,要立足开放环境,加强对外交流、合作、互动、博弈。当前,针对互联网的大国博弈已经不可避免。因此,必须要站在人民利益的高度,站在党长期执政的高度,重视和发展网络事业,要在国际互联网话语权上占有一席之地。

网络安全和信息化是相辅相成的,要树立正确的网络安全观,加快构建关键信息基础设施安全保障体系,全天候全方位感知网络安全态势,增强网络安全防御能力和威慑能力。维护网络安全是全社会的共同责任,需要政府、企业、社会组织、广大网民共同参与,共筑网络安全防线。

第三节 “互联网＋”下提高党的执政能力建设的措施

一、充分发挥互联网作用,提高党的执政能力建设

互联网是政党现在乃至未来发展都十分重要的政治资源。随着互联网的快速发展,我国政党已逐渐认识到网络对于党自身发展的重要作用。早在2001年,江泽民同志在全国宣传部长会议上就指出:“要高度重视互联网的舆论宣传,积极发展,充分运用,加强管理,趋利避害,不断增强网上宣传的影响力和战斗力,使之成为思想政治的新阵地,对外宣传的新渠道。”②

---

① 转引自赵端:《亨廷顿的政治参与理论述评》,载《山东省工会管理干部学院学报》2005年第2期。

② 《全国宣传部长会议在京召开 江泽民与出席会议同志座谈并作重要讲话》,http://news.xinhuanet.com/misc/2001-12/01/content_496087.htm,2015年10月20日。

党运用网络资源的能力内涵十分丰富。首先，党要运用网络强大的信息传播和宣传功能，改进传统的工作方式。充分运用现代集文字、声音、图片、视频为一体的网络媒介，避免政治理论的空洞说教，增强政府宣传的吸引力和说服力、感召力。其次，要运用网络的资源开放性，开辟宣传新窗口。党建网站、红色网站等的建立，为世界了解中国政府提供了新渠道、新平台。只要登录党建网站，就可以了解党的发展历程、辉煌历史以及党政工作的最近动态，摒弃网络虚假信息带来的负面影响。再次，要运用网络信息交流的交互性和双向性，加强与群众的互动联系，使互联网成为群众与政府沟通的“电子桥梁”，在线交流更方便，互动更亲切。最后，运用网络先进技术，提高党的工作效率。网络政治的开展，极大地减少了日常党务工作，提高了办事效率，也降低了执政成本。

二、依托互联网，捍卫马克思主义意识形态的主体地位

马克思主义意识形态是不断与时俱进的，其现在也正充分利用网络的力量，潜移默化地实现自身的整合功能。网络空间全球开放，使信息交流和共享都成为可能，这也为西方国家的意识形态入侵提供了传播的方便之门。近年来，中央、省、市、县的一些党委宣传部门、组织部门相继开辟了宣传马克思主义的专门网站。党建网站为党应对意识形态的斗争开辟了网络新阵地，创新和改进了宣传方式，增强宣传的吸引力和感染力，巩固了马克思主义在意识形态领域的主体地位，成为传播政治文化的主阵地。

我们应当利用网络传播的特点，创新网络通信内容和手段，使话题更接近群众意愿、群众关心，使用容易理解的、易于传播扩散的语言，灵活运用观众喜爱的马克思主义传播形式。对于我们而言，在设立关于马克思主义思想政治教育的专业网站的同时，还要充分利用大众化的网上论坛、博客以及微信等阵地，通过直观的文字、音频、视频等其他媒体，强化马克思主义传播的相关性和及时性，捍卫马克思主义意识形态在我国的主体地位。

三、强化应对网络意识形态斗争的能力

意识形态安全事关党的前途命运，事关国家长治久安，事关民族凝聚力和向心力，网络意识形态安全是一场输不起的战争。习近平总书记在2013年全国宣传思想工作会议上的讲话中指出，互联网已经成为今天意识形态斗争的主战场。西方反华势力妄图以这个“最大变量”来“扳倒中国”，我们在这个战场上

能否顶得住、打得赢，直接关系我国意识形态安全和政权安全。这个阵地，我们不去占领，人家就会去占领。现在看来，必须要把网上斗争作为意识形态领域斗争的重中之重和当务之急，高度重视起来，抓紧干起来，讲究战略战术，坚持下去，久久为功。意识形态安全对我党长期执政有着特殊的重要性，如果思想防线被攻破了，其他防线就很难守住，要知道一个政权的瓦解往往是从思想领域开始的。习近平总书记在网信工作座谈会上也再次强调指出，网络安全和信息化工作是“十三五”时期的重头戏，不能对网络工作尤其是网络意识形态掉以轻心。[①]

我们的意识形态领域是以马克思主义作为指导思想，加强网上马克思主义理论阵地建设，首先要做的是在网上进行中国特色社会主义理论体系的宣传，引导人们学会用马克思主义的基本立场、观点和方法去认识问题、分析问题以及解决问题。同时用马克思主义中国化的最新理论成果武装全党、教育全国人民，用中国特色社会主义的共同理想增强凝聚力和民族自豪感，用社会主义核心价值体系引领社会思潮，从而使马克思主义在意识形态领域的指导地位变得更加牢固、可靠。

四、正确合理引导互联网舆论走向

人民网舆情监测室副秘书长单学刚认为，只要地方党政机关认识正确、做法科学，互联网完全可以管理好、应用好，发展成为了解民情、汇集民智、疏导民怨的好媒介，成为决策参考的好帮手和官民互动的重要窗口。[②] 由此可见，网络舆论既是引发党委、政府信任危机的催化剂，又是化解危机的灭火器。这就要求地方党委、政府官员要熟悉网络舆论的发生规律，能够对社会网络舆情作出科学准确的判断分析，利用网络自身的优势建立地方党委、政府与老百姓的沟通机制，为普通民众的各种诉求以及信息充分流动提供充足的空间。在一个开放的互联网时代，地方政府越逃避、越封堵，就越是火上浇油，越是刺激人们按照常识去思考、去质疑，当地政府也就越缺乏公信力。

政府对互联网舆情的疏导应注意两个问题：其一是制定有效的法律和规章

---

① 参见邱明红：《使互联网成为党长期执政的坚强柱石》，http://opinion.china.com.cn/opinion_70_148770.html，2016 年 5 月 10 日。

② 参见王俊秀：《地方政府应对危机能力明显提升，不再一味屏蔽消息》，载 2010 年 7 月 15 日《中国青年报》。

制度，按照法律和相关规章制度运行的网络媒介，在社会监督过程中能够得到公众的高度认可，利于维护社会的稳定。同时，对各种通过网络恶意攻击政府或随意曝光个人隐私的行为给予严厉打击，维护网络正义。其二是合理、合法地利用网络平台揭露社会中的丑恶现象，对各级政府及官员的行为加以监督，防止滥用特权，危害人民的权利。各级政府及领导干部必须正确对待网络监督，不能随意使用专政手段对付普通群众，要做好宣传和解释工作，做好舆论控制工作，这也是网络政治中提高党的执政能力的关键。

对舆论的控制能力是党执政工作的重要部分。网络大发展环境下，舆论的生成、传递都对党的执政能力带来极大挑战，增加了政府工作的难度。但是，不管是反映社情民意的舆论，还是非理性参与的舆论，适当的调控手段都是必要的，不能让网络舆论发展至失控状态，那将会对社会生活造成不良影响。要善于借助门户网站如人民网、新华网等中央新闻网站，以及新浪网等商业门户网站，主动掌握网络舆论主导权。例如，主动设置议题，组织网民就某一热点话题展开讨论；对一些思想比较消极、观点不正确的言论，由论坛管理员以跟帖方式予以正面引导；当论坛上出现过激言论或讲粗话、进行人身攻击等情况时，管理员及时出面对发帖者进行规劝或警告；等等。

五、探求建立参政议政双向沟通平台，全民有序参与，构建和谐社会环境

中国共产党坚持以人为本、执政为民，因此想问题、作决策、办事情都需要广泛听取人民群众的意见，集中人民群众的智慧。通过互联网来了解民情、汇聚民智，也是一个重要的渠道。网络作为各级党政广泛联系群众的桥梁和纽带，将成为汇聚全民智慧的重要平台。在深化网络问政、加强执政能力建设的过程中，应构建全民有序参与的政治环境。在现实社会与网络生存相互交融的网络时代，党的各级干部只有开阔自己的胸襟，以"海纳百川"的心态将网民的思想和利益诉求及时收集，才能掌握更加丰富的信息。积极沟通民意，全面汇聚民智，将会更好地增强各级党政决策的科学性和民众对政府政策的认同感，更有利于社会的和谐稳定。应当通过建设广泛的民众联系信息平台，争取最广泛的民心，夯实执政基础，实现社会各阶层力量的大团结、大联合。

六、健全和完善加强党的执政建设的各项制度

我国目前互联网领域的法律法规有《全国人大常委会关于维护互联网安全

的决定》《互联网信息服务管理办法》《互联网电子公告服务管理规定》《互联网站从事登载新闻业务管理暂行规定》等，这些法律法规为清理网络不良现象提供了法律依据。但随着互联网的快速发展，我国互联网法制建设还需要不断完善。

加强网络时代的执政能力建设，必需搭建透明、高效的政治制度平台。在加强网络执政能力建设过程中，要坚持党委领导、政府负责、各方参与、双向循环的工作机制。建立健全网络督办机制，把网络时代执政能力建设纳入党委政府的日常工作中，建立并完善在线监督、网上回复等工作制度；同时建立健全网民回复跟踪制度，对网民的反应及时调查、处理、回复，让人民的监督落到实处。另外，政府应该适应公民意识和社会力量的新变化，增进对社会力量和社会行动的信任，增强政府与民众之间的良性沟通和互信机制，提升现代治理能力。

毫无疑问，互联网已经成为服务我国国家和人民的重要工具和平台。回顾过去，我们的互联网事业发展迅猛；展望未来，我们还要站在党长期执政的战略高度来发展和推进这项伟大事业，这是推进我国互联网事业发展和加强网络治理的重要内容和应有之义。只要党的基业长青，互联网就能更好地造福国家和人民。

第十二章

“互联网＋”语境下国家治理的中国模式

改革开放以来，我国在政治经济等各方面都取得了飞速的进步，综合国力不断加强，但在发展的同时，各方面建设也都遇到了不同程度的挑战与困难。尤其是在改革进入深水区的今天，各方面的矛盾显现，各领域改革的难题不断凸显，房价过高、就业形势严峻等关乎民生福祉的问题亟待解决。我国经济发展进入新常态，经济增速由高速增长转变为中高速增长，正面临着前所未有的机遇；同时由于处在经济增速换挡期、经济结构调整阵痛期、前期刺激政策消化期“三期叠加”的阶段，各式风险也依旧存在。针对新常态下各方面矛盾日渐尖锐的情况，领导干部要勇于担当，积极解决，要积极运用“互联网＋”的思维方式，将政府治理与互联网相结合，更好地促进国家治理的现代化。

目前，我国正全力实行贯彻全面建成小康社会、全面深化改革、全面依法治国、全面从严治党“四个全面”这一战略布局。而面对当前这个信息化速度如此之快、科学技术日新月异、知识爆炸化、信息网络化、社会数据化、万物互联化、媒体多融化的新环境，互联网已经不单单是人民群众生活当中的娱乐品与附属品，也不再仅仅是一种生活中的工具，而是进一步地成为各个领域的工作与管理方式和理念，成为创业者眼中的创业火热领域，成为一种新的发展前景。“互联网＋政府”的治理模式在各个国家都有其不同的表现。同样，与我国具体的国情相联系，“互联网＋”下国家治理的中国模式也体现出其特有的方面：它与我国公众互联网学习的规模与网民结构相联系，与我国互联网的发展程度相关联，逐步发展成为适合中国国情的治理方式。当然，目前我国互联网发展还不尽成熟，有许多方面需要公众与政府的共同努力，以期打造更加完善的“互联网＋政府”治理模式。

第一节 公众互联网的学习与教育

一、我国互联网学习概况

我国互联网的发展迅速，虽然发展水平还有进一步的上升空间，但从公众的互联网学习规模上来说，我国已经成为全世界网络用户最大的国家。根据2015年中国互联网络发展情况统计报告，2015年，中国以18万亿元的电子商务交易总额跃居成为世界第一大网络零售市场。从公众网络普及来看，截至2015年12月，中国网民规模达6.88亿，已经接近于我国的一半人口；同时，农村网络普及率也在进一步上升。2015年，全年共计新增网民3951万人，互联网普及率为50.3%，比世界平均水平要高出将近10个百分点。所以从网络规模上说，我国已经是世界第一网络大国。此外，我国互联网规模还有一大特点，便是手机互联网用户呈现爆发式增长。截至2015年12月，中国手机网民规模达6.20亿，较2014年年底增加6303万人；网民中使用手机上网的人群占比由2014年的85.8%提升至90.1%。① 可以说，互联网的移动性与智能化的特点不断凸显，这成为“互联网＋”得以在各个领域迅速发展的重要基础。2015年注定是中国互联网被载入史册的一年，自中国互联网商业元年(1995年)以来，经历了二十年的发展，中国互联网已经在世界互联网版图里占有举足轻重的地位。随着移动互联网的飞速发展、社交网络与媒体的方兴未艾、电子商务的不断普及以及大数据技术和应用的不断深入，数据正逐渐成为人们分析过去、把握当下、预测未来的重要依托。

但是，我国虽然在网民规模和网络零售方面已经跃居为网络大国，但是由于我国特殊的国情，导致我国在网民结构以及网民互联网学习程度上还远远不能称之为“网络强国”。近年来，中国经济发展迅速，全球化速度加快，人民还没有较好地掌握互联网规则便被信息化大潮卷入其中，这导致我国的互联网教育与学习还处于一个较低的水平。从网民结构上来看，主要是由30岁以下的年轻人所组成，他们大多都还没有形成独立成熟的世界观与价值观；从学历结构上来看，大多数网民的学历水平集中于高中及以下，学历素养水平较低；从职业

① 参见中国互联网络信息中心:《第37次中国互联网络发展状况统计报告》,http://tech.qq.com/p/topic/20160122025589/index.html,2016年1月22日。

分布上来看，网民大多由学生、无业游民、个体户组成。可以说，我国互联网的公众网络结构水平还很低，这就给我国互联网的治理与利用造成了很大的难题。同时，改革开放以来，我国发展迅速，各方面的矛盾也逐步显现。当前，我国正处于全面深化改革的深水区、社会急剧转型期，加之全球化速度加快，价值观多元，青年网民极易因此受到影响，给互联网的治理造成很大困难，这是目前我国互联网发展的最大劣势。所以，当前我们应加强互联网的宣传与教育，拓宽互联网的公众组成结构，使之不仅成为网络大国，更要成为网络强国，为新时代下"互联网＋"的发展扫清障碍、推波助澜。

二、我国"互联网＋"背景下的政府治理的挑战

"互联网＋"可以给我国的国家治理带来更高的效率、更好的效果、更高的公众满意度。然而，在我国特殊的国情与背景下，基于"互联网＋"基础上的政府治理也面临着巨大的挑战。我国民众互联网学习程度不高，结构组成等各方面都处于较低的水平，所以网络舆论极易向非理性的方向偏斜。一旦形成非理性的网络舆论，由于网络的即时性和自由性，就十分容易发酵成更严重的危害政府治理稳定性的后果，这就在很大程度上挑战了政府的公信力。

建立政府治理的网络平台，公众可以在网络平台上发表自己对于政策的见解与看法，政府可以随时收集民众的意见以便对接下来的治理作进一步的调整与修改。然而，网络平台的特点使得网络言论极易发展成为舆论。这些舆论是政府治理的一面镜子，它在检视着政府治理效果的好坏，同时更是一种重要的外部监督方式，对于社会公正的落实与维护起到了重要的保障作用。但是网络民意也是一把双刃剑，当前我国网民年龄结构普遍年轻化，学历结构也较低，没有树立起正确成熟的价值观，而且缺乏辩证思想与自律能力。他们经常会以幼稚冲动的言语发表评论，并不是以一种客观辩证的观点看待问题、还原事件真相。有时还会恶意地将公众舆论往偏激的方向引导，以吸引广大公众的注意，引发话题爆炸，这往往会造成网络言论的失控，对政府公信力造成很大的危害。此外，由于互联网的隐蔽性与虚拟性，公众在网络上发表言论往往不需要实名制，这使得网民产生一种没人认识的无责任感，随意在网络上造谣或者攻击他人，并认为不会受到道德的谴责与法律的惩戒。于是，越来越多的公众放下了道德的底线，在海量的网络信息当中失去了辨别真假信息的能力，加入网络谣言与网络暴力的大军中。这不仅会对网络文明与安全产生极恶劣的影响，更会

造成社会生活的不稳定以及政府公信力的下降，对“互联网+”模式下的政府治理造成了很大的挑战与威胁。另外，互联网的即时性意味着不管什么信息都会在一瞬间产生“信息爆炸”的效果，对于不良的网络言论如果不能给予及时的回应，那么其所产生的舆论压力将会严重影响到政府治理的威严性。所以，“互联网+”下的政府治理虽然有其积极的一面，但它带来的挑战依旧严峻，这需要国家和政府加强公众互联网的学习与教育，建立互联网实名制平台，尽快完善各方面制度，在应对挑战的同时使互联网的优势得到充分发扬，使其成为政府治理的得力助手。

三、进一步加强公民网络教育

我国网络的普及与教育存在着城乡差距过大的现象，信息获取的多少也相应存在着巨大的数字鸿沟。所以，我们应尽力消除拉大的数字鸿沟。一是要解决地区间网络信息资源不平衡的现象，加大对西部地区的网络资源与基础设施建设的投入，尽快完善网络教育的硬件配置。二是要加大西部地区的教育投入，增强西部人民群众的文化素质，以便加快网络教育的普及。具体来讲，应从以下几个方面着手：

首先，西部地区以及农村地区的各级人民政府应先从网络硬件上入手，借助“智慧城市”的政策机遇，加快实现网络在这些地区的全覆盖，降低互联网网费并尽可能提升互联网网速，为本地区的民众提供方便又实惠的互联网硬件资源，使其能够充分地享受到互联网带给人们的便利，从而逐渐加入到互联网下的政府治理当中。其次，欠发达地区各级政府应积极宣传互联网教育的优势，在人民中间形成良好的舆论导向，并积极开办互联网培训班，加强对农民群众的互联网教育，使其成为互联网信息资源的有利获取者，从而逐步缩小城乡之间、地区之间存在的数字鸿沟问题。最后，培养公民在互联网中的道德与法律意识。互联网作为一个新兴的领域，各项限制与法律制度措施还没有完全建立起来，这导致了当前一系列的网络谣言、网络暴力等问题。因此，我们一要大力弘扬社会主义核心价值观，将网民的道德感与责任感激发出来，加强网民的文明观。二要成立专门的互联网不文明现象监督平台，针对出现的不文明现象及时发现并采取相应措施。三要尽快完善互联网领域的制度建设与立法，实现有法可依，有法必依，执法必严和违法必究，提高政府网络治理的法制化水平。

第二节　政府与公众共建良好网络环境

互联网已经日渐成为基层建设中民众与政府沟通的良好平台，它对当前乃至未来我国政府治理都会产生良好的推动作用。良好网络环境的治理不仅需要政府的努力，更需要政府与公众的联手治理。因此，在进一步落实“四个全面”的过程当中，国家应下大力气与公众联合，充分发挥“互联网＋政府”的优势，让互联网在政府治理当中发挥更大的作用。

一、加快“互联网＋政务”的发展，构建民众与政府的沟通桥梁

当代国家中不同程度存在着机构膨胀、功能重叠、效率低下等问题，因此推行以精简机构、提高行政效率为核心的行政机构改革也成为各国普遍的做法。由于机构膨胀，各部门间的职能存在重叠，所以不可避免地出现部门之间的推诿扯皮现象，导致行政工作效率低下，出现懒政怠政问题。我国目前实行的大部制改革的特征便是机构数量少、职能范围大、综合性强，精简一些权力重叠的部门，减少部门横向之间的“踢皮球”现象，提高政府工作人员的办事效率。改革开放以来，我国经济得到了很大程度的发展，然而，政治体制改革的速度却被经济发展的速度远远抛在了后面，政府部门出现的一系列怠政现象引发了群众对于政府治理的不满。除此之外，政府工作人员对于行政工作的态度也有很大的改进空间，对于人民群众的服务意识不足。以上种种都会大大影响政府治理的效率和公众满意度以及政府公信力。而“互联网＋”的出现为公众与政府之间搭建了一个沟通的桥梁。一是政府治理的行政业务可以置于互联网的平台上，公民只需在家动动手指便可轻松办理行政业务。二是政府决策信息在互联网平台上公开分享，人们可以及时查看政府的政策动向并提出自己的见解与看法，政府可以收集民意对政策进行及时必要的调整。三是互联网还成为民众监督政府的重要平台。所以，在互联网时代，“互联网＋政府”的治理方式最大限度地满足了人民群众的知情权、监督权与自由表达权，更增强了政府的公信力与公众满意度。

二、提高互联网舆论引导能力，牢牢把握网络舆论引导主动权

由于互联网是一个新兴的领域，各项限制与法律制度措施都还没有完全建

立起来，所以网络安全上出现了不少的问题。因此，我们一方面要大力弘扬社会主义核心价值观；另一方面要采取相应的措施，尽快完善互联网领域的制度建设与立法，提高政府网络治理的法制化水平。具体来说，可以从以下几个方面着手：第一，在网络环境中大力宣传正确的人生观、价值观，培养公民的责任感与道德意识，大力培养一批宣传主流“正能量”的网络媒体，尽可能地提高网民的素质水平。第二，重点培养一批具有正确价值观且与政府治理相契合的媒体精英，定时地发表正面的网络言论，积极引导人们向正确成熟且辩证的方面思考，并定期召开座谈会、讨论会，对于近期出现的网络风气进行讨论并得出新的解决方案，培养意见领袖的评论能力与评论技巧。第三，在保证网络言论自由的同时，需要大力惩治一批网络造谣者与网络暴力分子，制定相关的法律法规，做到疏堵结合，对于影响恶劣的绝不姑息。以此做到净化网络环境，牢牢掌握网络舆论的主导权。

第三节 国家硬实力与软实力的统一

一、大大提升国家治理的效率，促进经济发展

现代国家治理的一个基本任务是实现低成本高效率的政府管理，推动经济持续健康发展。当前，党和政府提出国家治理的现代化，倘若没有互联网信息化的支持，那么现代化也就无从谈起。可以说，没有信息化就没有现代化。信息化对于国家治理的益处在于可以大大缩短行政业务工作在复杂流程上的时间，简化现实中的层层审批手续，提高行政效率。当前，世界上各个国家和地区都不同程度地存在着行政效率低下的现象，随着时代的进步和民众的要求，电子政务越来越受到政府和民众的欢迎。资料显示，美国由于开展电子政府建设，1992～1996 年，政府员工减少了 24 万，关闭了近 2000 个办公室，节省开支 1180 亿美元。[①] 政府可以在网络上搭建政务平台，这种虚拟的政务办理方式可以替代现实中繁琐的流程，精简部门与政务人员，大大降低政务成本，从而推动经济的持续健康增长。同时，“互联网+政务”可以在最短时间内将最多的行政资源进行整合，获得大量数据，在大数据的支持下进行数据分析和整合，为政府

① 参见汤春蕾：《数据产业》，复旦大学出版社 2013 年版，第 23 页。

制定政策与执行政策指明更加正确且符合民意的方向，增强政府服务人民和全面深化改革的能力与力量。

当前，"互联网+"作为一种创新思维方式，不仅促进国民经济向现代化转型的方向发展，更在社会治理、公共管理、政府治理现代化等各方面都产生了极大的影响，"互联网+"思维也正在向协调推进"四个全面"战略布局的各项工作渗透。2013～2014 年间，互联网思维不仅是业界关注的高频词语，也受到了党和国家领导人的高度重视。2014 年 8 月 18 日，习近平总书记在主持召开中央全面深化改革领导小组第四次会议时强调指出："推动传统媒体和新兴媒体融合发展，要遵循新闻传播规律和新兴媒体发展规律，强化互联网思维，坚持传统媒体和新兴媒体优势互补、一体发展，推动传统媒体和新兴媒体在内容、渠道、平台、经营、管理等方面的深度融合。"①李克强总理在 2015 年《政府工作报告》中提出："要制定'互联网+'行动计划，推动移动互联网、云计算、大数据、物联网等与现代制造业结合，促进电子商务、工业互联网和互联网金融健康发展，引导互联网企业拓展国际市场。"②"互联网+"思维在经济与政治、社会等方面的表现显示出这种思维代表着一种新的经济发展方式，它促使我国经济由传统粗放式向新型现代化经济发展方式转型。同时，它也代表了一种新的工作价值观，也就是充分发挥互联网在信息资源整合与利用上的优势，搭建信息平台，将互联网的成果深入应用到社会生活的各个方面，用虚拟方式去提升实体经济的创新力和生产力，形成更广泛的以互联网为基础设施和实现工具的经济发展新形态。

目前，"互联网+"的思维方式已经给我国经济结构与经济面貌带来了翻天覆地的变化。中国接入互联网二十多年来，催生了许多新技术、新产品、新业态、新模式，创造了上千万就业创业岗位，加速了传统产业的升级。除此之外，李克强总理强调的"互联网+"行动计划，是重点促进以物联网、聚联网、云计算、大数据为代表的新一代信息技术与现代制造业、生产性服务业等的融合创新，发展壮大新兴业态，打造新的产业增长点，为大众创业、万众创新提供环境，为产业智能化提供支撑，增强新的经济发展动力，促进国民经济提质、增效、升级。

---

① 习近平：《共同为改革想招一起为改革发力　群策群力把各项改革工作抓到位》，载 2014 年 8 月 19 日《人民日报》。

② 李克强：《政府工作报告》，载 2015 年 3 月 17 日《人民日报》。

当前,世界经济复苏艰难曲折,中国经济也面临着一定的下行压力。解决这些问题,关键在于推进国家治理的现代化,推进经济体制改革,在经济新常态下,坚持创新驱动发展,利用互联网加速传统粗放式经济的转型,推动经济可持续健康发展。同时,利用互联网打造网上政务平台,缩减政务成本,提高政府治理效率,为经济增长提供动力支撑。

二、互联网强力推进了现代国家治理的法治保障

党的十八届四中全会指出:“全面推进依法治国,总目标是建设中国特色社会主义法治体系,建设社会主义法治国家。”[①]目前改革遇到众多难题,各式矛盾此起彼伏,需要法治的力量加以控制和解决。国家治理现代化的其中一个要求便是法治中国的建设,法治中国的建设离不开信息化与现代化的平台支持。法治中国的建设首先需要牢牢把握法治的底线,这是最为基础的条件,任何人都必须在宪法和法律规定的范围下活动,不得超出法律的底线。当前,我国已经建成较为完善的中国特色社会主义法律体系,有了根本的强制性保障。然而,有法必依的原则却没有得到良好的贯彻落实,且日益影响到各种社会矛盾的解决,影响到“四个全面”战略布局的推进。因此,坚持国家治理现代化、加强法制建设有助于树立宪法和法律的威严,有助于牢牢坚守全面依法治国的根本要求。改革深水区阶段,有些领导干部随意逾越法律的底线,将依法治国抛于脑后,成为改革路上难以解决的“拦路虎”。治国者必先受制于法,只有坚守法治中国的建设,才有利于树立法律的权威,才能将法律的规范性与威严性内化于心,才能在各项建设进程中营造遵法守法的行政环境,才能更好更快地推进全面依法治国的重要战略目标。

现代国家治理离不开法治,在互联网时代,法治通过互联网才能更好地发挥作用。互联网为政府与公众之间搭建了一个互相沟通的平台,政府在依法治国的过程中,将法制建设的文件纲领政策及时发布在网络平台上,供民众查阅监督,可以在很大程度上督促法治中国建设更好更快地推进。同时,在互联网上向公众宣传社会主义法治道路、理论、体系,引领全体民众自觉守法,定时定期发布公众关心且具有实用性的最新政府政策文件、法治数据以及各类法律时评文章,在广大人民群众当中树立依法治国的理念,引领公众法治意识,从而进

① 《中共十八届四中全会在京举行》,载 2014 年 10 月 24 日《人民日报》。

一步提高人民群众对于建设法治中国的热心、决心与信心。利用互联网平台，还可促进科学立法，推进严格执法，督促公正司法，推动全民守法，维护公平正义。所以说，互联网对于法治中国的建设给予了强大的平台支持，有力地强化了现代国家治理的法制保障。

第四节　积极参与国际互联网治理

近年来，从国内外一系列突发事件的发生、发展和处理过程来看，无论是国内的"非典事件"、贵州"瓮安事件"、湖北"石首事件"、浙江"乌坎事件"，还是国际上的"阿拉伯之春"、"土耳其之春"、美国"占领华尔街"、巴西"免费公交运动"，都无一例外地表明网络空间正在成为告知、招募、组织、动员、行动的优势工具。通过网络社会这个虚拟空间，可以组织、整合、动员社会力量，推动公共事件的顺利解决，但也可能由于网上社会与网下社会的互动而导致公共事件的激化。在这种环境下，面对社会问题尤其是社会突发事件，各个国家和政府越来越重视利用互联网，通过网络平台整合与吸收各方面的力量，逐渐形成上下、左右、内外相配合的社会动员机制和管理体系。首先是通过网络空间的号召平台，鼓励人民群众参与到网络治理当中，以实现网民与政府的联合行动，督促两者之间的相互配合。不管是在政策的发布与实施过程，还是在行政业务流程的审批阶段，抑或是在社会突发情况的处理阶段，都能实现在各种场合下官民的合作，从而提高政府治理的有效性。其次是通过网络社会整合资源的能力，将国际国内信息资源进行整合并分享，建立各部门、各地区甚至是世界范围内的信息共享机制，拓宽人民群众的视野，加强国际间经济、贸易、文化等各方面的交流。

然而，互联网虽然给政府治理甚至是全球范围内的资源共享带来了便利，同时也给国家治理带来了新的挑战。例如，互联网各项规则还不健全、各方面发展还不平衡、地区之间的互联网信息获取还存在着巨大的数字鸿沟。从全球范围内来讲，互联网对于人们的日常生活甚至是国家安全都产生了极大的威胁。例如，互联网侵犯个人隐私的事情时有发生，网络攻击、网络犯罪等上升到法律层面的现象也正在呈现上升的趋势，成为了全球公害。面对这些问题和挑战，国际社会应加强对话合作，共同构建和平、安全、开放、合作的网络空间，建立多边、民主、透明的全球互联网治理体系。全球治理体制建设是一项复杂、长期的社会工程,政治、经济、外交、科技等无不成为其影响要素。网络空间信息技术催生网络空间不断发展,促使传统军事防范、经济秩序、社会交流等空间扩大并移植到网络空间中。由此,全球网络空间治理体制成为全球治理体制不可或缺甚至是至为关键的组成部分。

当前,在全球互联网治理中,我国的参与程度还不够高,全球互联网建设能力机制还不成熟,这对于在互联网领域提升我国国际影响力是主要劣势所在。因此,我们应该从理念、体制等多方面进行建设,综合提高我国参与全球互联网治理的能力,促使我国尽快融入全球网络治理当中,使得我国在全球互联网影响力方面坐拥一席之地。

第一,加快树立“数字立国”理念,提升我国在全球网络空间治理中的大国地位。理念引领思想,思想指导行动。我国缺乏统一理念来引领网络空间治理体制建设,使得我国参与全球网络空间治理“战略茫然”。在“互联网+”“中国制造 2025”的战略背景下,我国迫切需要树立“数字立国”理念,把握网络空间发展主动权,加强与全球治理体制建设的有机融合。没有“数字立国”理念,就难以形成我国在全球网络空间治理中的精神合力;没有“数字立国”思想,就无法统一指挥我国在全球网络空间治理中的有效行动。以“数字立国”基础,对提升我国参与全球网络空间治理体制建设的大国地位作用显著。

第二,充分发挥我国现有优势条件,把握我国参与全球网络空间治理的历史机遇。我国要充分发挥参与全球网络空间治理的经济地位、产业政策、治理经验的“三项优势条件”,为参与全球网络空间治理体制建设赢得更多机遇。一是要发挥我国世界经济大国的地位优势。改革开放以来,我国创造了经济腾飞的发展奇迹。作为世界第二大经济体,我国成为全球经济发展的动力引擎,国际影响力持续提升,这将会为我国赢得更多参与全球网络空间治理体制建设的机遇。二是要发挥我国科技产业创新的政策优势。随着我国简政放权、放管结合等改革措施的不断实施,“互联网+”“中国制造 2025”即将激发一场“新工业革命”,自主、安全、可控的网络空间信息技术成为我国参与全球网络空间治理体制建设的重要突破。三是要发挥我国网络空间治理的经验优势。十八届三中全会以来,中央网络安全和信息化领导小组成立,网络安全法制定,我国网络空间治理体制不断完善,治理能力不断提升,为我国参与全球网络空间治理体制建设提供了制度保障和经验支持。

第三,严格防范网络空间治理误区,要处理好网络空间治理的若干关键问题。在看到我国参与全球网络空间治理的优势条件时，要正视和防范我国参与全球网络空间治理的认识误区，正确处理好三项基本关系：一是处理好我国参与全球网络空间治理体制建设和其他治理体制之间的关系；二是处理好我国参与全球网络空间治理体制建设和网络主权制度之间的关系；三是处理好我国参与全球网络空间治理体制建设和我国产业技术之间的关系。一方面要充分认识到我国网络空间信息技术产业的优势，另一方面要清醒正视我国核心信息技术自主可控道路上的“路漫漫其修远兮”。必须加强引进、消化、吸收和自主创新同步发展战略，审视和优化产业技术激励政策，摒弃浮躁心理，发扬新时代“两弹一星”精神。

全球网络空间治理体制建设要遵循历史发展规律，在动态发展中构建体制，在体制建设中谋求发展。我国正迎来提升全球网络空间治理体制建设能力的重要时期，这里呼吁加快建立“数字立国”统一战线，奠定我国参与全球网络空间治理体制建设的基础，弘扬共商、共建、共享的全球网络空间治理理念，丰富网络空间人类命运共同体的内涵。

参考文献

[1][美]阿尔文·托夫勒:《第三次浪潮》,黄明坚译,中信出版社 2006 年版。

[2][美]凯文·凯利:《科技想要什么》,熊祥译,中信出版社 2011 年版。

[3][美]迈克尔·沙利文·特雷纳:《信息高速公路透视》,程时瑞等译,天津科技出版社 1995 年版。

[4]《马克思恩格斯全集》第 23 卷,人民出版社 1972 年版。

[5]《毛泽东文集》第 8 卷,人民出版社 1999 年版。

[6]《邓小平文选》第 3 卷,人民出版社 1993 年版。

[7]杨光斌:《政治学导论》,中国人民大学出版社 2011 年版。

[8]胡锦涛:《坚定不移沿着中国特色社会主义道路前进为全面建成小康社会而奋斗——在中国共产党第十八次全国代表大会上的报告》,人民出版社 2012 年版。

[9]陈潭等:《大数据时代的国家治理》,中国社会科学出版社 2015 年版。

[10]冯文权等:《经济预测与决策技术》,武汉大学出版社 2003 年版。

[11]冯云廷:《城市经济学》,东北财经大学出版社 2015 年版。

[12]李宜江:《义务教育均衡发展的法律保障研究》,安徽师范大学出版社 2013 年版。

[13]李少军:《国际政治学概论》,上海人民出版社 2002 年版。

[14]倪世雄:《当代西方国际关系理论》,复旦大学出版社 2009 年版。

[15]马维野:《全球化时代的国家安全》,湖北教育出版社 2003 年版。

[16]王慧媞、韩玉贵:《当代世界政治经济》,山东大学出版社 2008 年版。

[17]张显龙:《全球视野下的中国信息安全战略》,清华大学出版社 2013 年版。

[18]何沁:《中华人民共和国史》,高等教育出版社 2012 年版。

[19]胡惠林:《中国国家文化安全报告》,山西人民出版社 2005 年版。

[20]马化腾:《互联网+国家战略行动路线图》,中信出版社 2015 年版。

[21]阿里研究院:《互联网+未来空间无限》,人民出版社 2015 年版。

[22]钟忠:《中国互联网治理问题研究》,金城出版社 2010 年版。

[23]马骏等:《中国的互联网治理》,中国发展出版社 2011 年版。

后　记

本书从2015年年初开始启动，历时一年有余，在许多专家学者和老师的帮助指导下，历经调研储备、拟定提纲、正式编写、起草初稿、讨论修改、征求意见、审定出版等多个阶段。本书立足当前我国国家治理的实际，借鉴吸收了国内外互联网下国家治理研究的相关理论的精髓，力求涵盖国家治理的各个层面，探寻互联网际遇下国家治理的特点及其转型的路径，希冀能够裨助于当前我国社会的发展以及人民生活水平的提升。

互联网堪称人类有史以来的发明之最，关涉人类的政务、经济、社会、文化与法治的各个层面。诚然，互联网时代的肇始挑战了传统的政务治理、经济治理、社会治理、文化治理与法治治理的固定框架。同时，互联网亦给国家治理带来了诸多契机，推动着国家治理的创新和转型。虽乌托邦与反乌托邦的图景一直缪辖在互联网整个发展之中，但一味地对其质疑无益于互联网时代下国家治理的进一步推进。因之，基于“互联网+”的背景，研究国家治理的特点及其转型的路径，实现国家治理现代化之意义不言而喻。

由于水平与时间的限制，书中难免有不当之处，敬请读者批评指正。

李　楠

2016年7月8日